Manual de gestión de almacenes

Sergi Flamarique

Con la colaboración de:

www.logisnet.com

Colección: Biblioteca de Logística
Director: David Soler

Manual de gestión de almacenes
1.ª edición, 2019

© 2019, Sergi Flamarique
© de esta edición, incluido el diseño
de la cubierta, ICG Marge, SL

Edita: Marge Books
València, 558 – 08026 Barcelona
Tel. 931 429 486 - marge@margebooks.com
www.margebooks.com

Gestión editorial: Hèctor Soler
Compaginación: Mercedes Lara
Impresión: Safekat, SL (Madrid)

Edición impresa: ISBN 978-84-17313-83-8
Edición digital: ISBN 978-84-17313-84-5
Depósito Legal: B 4688-2019

Las ilustraciones de esta obra forman
parte del archivo del autor y:

Archivo Marge Books, 8.5, 13.2, 22.4, 22.5, 23.2
Atox 12l
Crow, 15.2
Etsystems, 12m
Frisomat, 4.1
Mecalux, 12.1, 12f, 12k, 12o
Presidencia de la República Mexicana, 20.3
Sato, 11.4
Schäfer, 12e
Shutterstock, 14.1, 14.2
SMC, 25.3
TCB, 11.2
U.S. Department of Agriculture
Ulma Handling System, 13l, 18.1
Víctor Santa María, 20.1
Wikimedia Commons/blahedo, 20.2
Wikimedia Commons/Thomas Philipp, 16.1

Reservados todos los derechos. Ninguna parte de esta edición, incluido el diseño de la cubierta, puede ser reproducida, almacenada, transmitida, distribuida, utilizada, comunicada públicamente o transformada mediante ningún medio o sistema, bien sea eléctrico, químico, mecánico, óptico, de grabación o electrográfico, sin la previa autorización escrita del editor, salvo excepción prevista por la ley. Diríjase a Cedro (Centro Español de Derechos Reprográficos, www.conlicencia.com) si necesita fotocopiar, escanear o hacer copias digitales de algún fragmento de esta obra.

 El papel empleado en este libro no ha sido blanqueado con cloro elemental (CI$_2$).

Índice

El autor 9
Introducción 11

Capítulo 1
Qué es un almacén 13

Capítulo 2
La cadena de suministro y los principios del almacenaje 15
1   La cadena de suministro 15
2   Los principios del almacenaje 18

Capítulo 3
Tipología de empresas y almacenes 22
1   Empresas industriales o productoras 22
2   Empresas mercantiles 23

Capítulo 4
Tipos de almacenes 25
1   Según el régimen jurídico 25
2   Según las necesidades de la empresa 26
3   En función de la organización de la empresa 27
4   En función de la operativa y de la zona de influencia . . . 28
5   En función de las características del almacén 29
6   En función de la infraestructura necesaria 30

Capítulo 5
La gestión del almacenaje 33
1 La gestión de existencias 34
2 La gestión del almacén 35

Capítulo 6
Organización de las mercancías en el almacén 38

Capítulo 7
Métodos de almacenamiento y gestión de las existencias 42
1 Métodos de almacenamiento 42
2 Gestión de las existencias 43
3 Clasificación ABC 46

Capítulo 8
Identificación de las ubicaciones. 54

Capítulo 9
Funciones logísticas del almacén. 60

Capítulo 10
Áreas operacionales en el almacén 64

Capítulo 11
Recepción o entrada de las mercancías 67
1 Antes de la llegada de las mercancías 67
2 Descarga de la mercancía 71
3 Después de la descarga 76
4 Adecuación a las características de la empresa 79

Capítulo 12
Mecanización y automatización de los almacenes 80
1 Almacenes manuales 80
2 Almacenes con elementos automatizados 80
3 Almacenes semiautomatizados 81
4 Almacenes automatizados. 81
5 Mecanización del almacenaje 83

Capítulo 13
Elementos de manutención. 94

Capítulo 14
Flujos internos del almacén 105
1 Ubicación de las mercancías 105
2 Desubicación de las mercancías. 108
3 Ordenación del almacén 110

Capítulo 15
Gestión y preparación de pedidos 111
1 Procedimientos de preparación de pedidos 111

Capítulo 16
Acondicionamiento y preparación última del pedido 118
1 Recepción de pedidos. 118
2 Sistemática de la gestión de pedidos 124
3 Preparación de pedidos. 127
4 Transporte interno 131
5 Acondicionamiento. 132
6 Carga. 134

Capítulo 17
Detección y tratamiento de incidencias en la atención de pedidos 135
1 Errores más comunes. 135
2 Sistemas para reducir los errores humanos 137

Capítulo 18
Técnicas de preparación de pedidos 141
1 Modos operativos de la preparación de pedidos. 141
2 Elementos tecnológicos en la preparación de pedidos 147

Capítulo 19
Salida de las mercancías 161

Capítulo 20
Logística inversa 166
1 Las devoluciones. 166
2 Requerimientos medioambientales 171

Capítulo 21
La tecnología y los sistemas de gestión informatizada del almacén — 175
1. Codificación 178
2. RFID 188
3. Tag 190

Capítulo 22
La información y documentación que acompaña la mercancía — 194
1. La información que va en el producto 195
2. La documentación que acompaña al producto 202

Capítulo 23
Envase y embalaje — 209
1. El espacio modular 210
2. Tipos de palés 211
3. La estabilidad de la carga 215
4. El embalaje secundario 215
5. El embalaje primario 216

Capítulo 24
Indicadores de gestión de existencias — 221
1. Indicadores de productividad 222
2. Indicadores de ocupación del almacén 224
3. Indicadores sobre recursos humanos 224
4. Indicadores sobre el servicio 226
5. Indicadores sobre la calidad del servicio 227

Capítulo 25
Gestión de existencias y preparación de inventarios — 232
1. Gestión de las existencias almacenadas 232
2. Gestión del inventario 237
3. Análisis de las desviaciones y medidas preventivas y correctoras . . . 243
4. Métodos para realizar el inventario 248
5. Sistema de valoración de inventarios 253

Glosario 257
Agradecimientos 273

El autor

Sergi Flamarique es un profesional con más de veinticinco años de experiencia en gestión de operaciones, logística y cadena de suministro, tanto a nivel directivo como consultor. Está especializado en la implantación de estrategias y soluciones logísticas y operacionales en pymes, grandes empresas, y en sectores como la alimentación, la distribución, los servicios, las artes gráficas o el metalúrgico. En su formación académica, destaca el Máster en Logística Integral y Supply Chain Management cursado en la Fundación ICIL, el Máster ejecutivo en Dirección de Operaciones en EADA, el Curso superior en Administración y Dirección de Empresas en la Universidad Les Heures y el Máster de Coaching Social para la motivación y los procesos del cambio en Divulgación Dinámica y Formación. Asimismo, ejerce de formador en logística y cadena de suministro en instituciones públicas y privadas, y en empresas. Ha impartido cursos para obtener certificados de profesionalidad de nivel 1 y 3, y es autor de las obras *Gestión de operaciones de almacenaje* (2017), *Flujos de mercancías en el almacén* y *Gestión de existencias en el almacén* (2018), publicadas por Marge Books.

 www.igrescat.com

s.flamarique@igrescat.com

Introducción

Este manual presenta de manera didáctica todos los conocimientos y las herramientas requeridos para la capacitación profesional en la organización y gestión de almacenes, y la coordinación y ejecución de sus operaciones, aplicando criterios de colaboración y optimización propios de la cadena logística.

Los contenidos que se exponen ofrecen una visión holística del almacenamiento de mercancías y abarcan las tres áreas fundamentales en su gestión: la **gestión de operaciones,** los **flujos de mercancías** en el interior del almacén y la **gestión de existencias.**

En este libro se definen los tipos de almacén y sus características, según las necesidades de la empresa y los tipos de mercancías, cuáles son los métodos de almacenamiento más adecuados para cada casuística y las modalidades de gestión que se pueden llevar a cabo en un almacén. La mecanización del almacenaje y los elementos de manutención se presentan en forma de fichas de fácil comprensión. Asimismo, se abordan los sistemas de clasificación ABC, los sistemas de preparación de pedidos, cómo tratar las incidencias en la atención de pedidos, la gestión del personal y la optimización de los movimientos en el almacén. Se definen asimismo los aspectos tecnológicos y los sistemas informáticos que facilitan la gestión del almacén, como la codificación, la identificación por radiofrecuencia (RFID) o las etiquetas inteligentes (tag).

Se analiza cómo organizar diariamente las operaciones y los flujos de mercancías del almacén garantizando la calidad del servicio al cliente, ya sea interno o externo. Se muestra cómo gestionar la coordinación de las entradas, las salidas y las ubicaciones diarias de mercancías, las operaciones de logística inversa y a optimizar los flujos internos. Estandarizando procesos se pueden mejorar la eficiencia y la eficacia de los recursos humanos y técnicos.

También se trata las diferentes tipologías de envases y embalajes, la información y documentación relativa a los productos, el control de las existencias, la realización de inventarios, y los indicadores que se utilizan en la gestión de *stocks*, identificando desviaciones y proponiendo medidas correctoras. Asimismo se muestra cómo la gestión por procesos, la calidad y la mejora continua pueden proporcionar un mejor servicio interno y externo. Las tecnologías de la información y la comunicación (TIC) facilitan la gestión y las tareas, y ayudan a conseguir una mayor productividad y eficiencia, a mejorar el servicio y a reducir costos.

Para afianzar los conocimientos esenciales, cada una de las materias se acompaña de un **esquema con los conceptos clave** que es conveniente retener. Las herramientas y sistemas que se ofrecen son aplicables a cualquier tipología de empresa, pequeña, mediana o grande, teniendo presente que cada una presenta unas características específicas, únicas y diferentes al resto.

Este libro tiene dos vertientes, una formativa y otra divulgativa y de consulta. Como obra formativa, es útil para obtener el **certificado de profesionalidad de nivel 3, COML0309** «Organización y gestión de almacenes», que tiene como competencia general: «Organizar y controlar las operaciones y flujos de mercancías del almacén de acuerdo con los procedimientos y normativa vigente y asegurando la calidad y optimización de la red de almacenes o cadena logística». Así, sus contenidos estás especialmente dirigidos a:

- Personal técnico en gestión de existencias y almacén.
- Responsables de almacén.
- Personal técnico en logística de almacenes.
- Responsables de recepción o expedición de mercancías.
- Personal administrativo de logística.
- Personal de almacenamiento, recepción y expedición.

Este libro proporciona información y material de consulta para facilitar la integración, la mejora profesional y la comprensión del funcionamiento de la logística y la cadena de suministro a las personas que trabajan en ellas, ya sean de alta dirección, mandos intermedios o personas que desarrollan su actividad profesional en el ámbito de las actividades auxiliares de almacén.

Capítulo 1
Qué es un almacén

El almacén es un espacio delimitado que puede ser abierto, al aire libre (por ejemplo, una campa), o cubierto, sin paredes (por ejemplo, almacenes de materias primas, como arena o estiércol), con alguna pared o totalmente cerrado (por ejemplo, cámaras frigoríficas, cámaras de congelación, almacenes automáticos o archivos).

Los almacenes pueden ser recintos especialmente proyectados y construidos para dicho fin, pero en muchas ocasiones el almacenaje, su planificación y los flujos que genera se han de adaptar a edificios o recintos diseñados para otras funciones. En otros casos, la finalidad para la que ha sido ideado el recinto donde se emplaza el almacén se ha de modificar en función del producto almacenado, ya sea de su naturaleza, de su forma o de los requerimientos que exige su conservación.

El *Diccionario de logística*[1] define el almacén como: «Edificio, espacio o recinto especialmente proyectado, estructurado y planificado para recibir, almacenar, custodiar, proteger, controlar, manipular, reacondicionar y expedir productos, ya sean materias primas, productos semielaborados o terminados».

El almacenaje de productos o materiales es una necesidad para la mayoría de las empresas industriales, comerciales o de servicios. En su actividad, estas organizaciones necesitan compensar los desequilibrios entre la oferta y la demanda de productos. Normalmente, estas no coinciden en cantidad y tiempo, ya sea por la demora en su producción, la distancia con respecto al cliente o la estacionalidad,

---

[1] *Diccionario de logística*, David Soler, Marge Books, Barcelona, 2.ª edición, 2009.

Figura 1.1. **Almacén de una empresa dedicada a operaciones logísticas de distribución.**

entre otros motivos. De esta manera, el almacenamiento constituye un recurso para equilibrar las compras y las ventas mediante la regulación de los flujos de adquisiciones de materias primas o productos semielaborados y las entregas de los terminados a los clientes finales.

Con el fin de conseguir precios competitivos para sus productos, las empresas intentan que los costos de almacenamiento sean menores que el gasto que habría que repercutir en el precio del material o producto si el almacén no existiera. Para conseguir costos reducidos en un producto se suele buscar la mejor relación calidad-precio en los suministros, una producción mayor que abarate los costos por unidad del producto o un sistema de transporte consolidado, pero, para alcanzar un equilibrio positivo, también hay que tener siempre presente el costo del almacenaje.

Capítulo 2
La cadena de suministro y los principios del almacenaje

1 La cadena de suministro

En el siglo XX las empresas trataban de incrementar sus beneficios, por un lado, aumentando la producción (tiradas largas, pocos cambios de utillajes) y fabricando contra existencias, lo que se denomina sistema *push* (la empresa empuja el producto hacia el mercado desde las existencias), y, por otro, abriendo nuevos mercados en otros países. Los costos se focalizaban en la producción, mientras que la cadena de suministro era considerada un mal necesario para llegar hasta los clientes.

Posteriormente, con el desarrollo del capitalismo, ha aumentado la competencia y, paralelamente, los avances tecnológicos son cada vez más acelerados. Estos cambios han llevado a las empresas a enfocar de manera diferente la generación de beneficio, y se ha pasado a un sistema *pull* en el cual el mercado es quien demanda el producto a la empresa. De este modo, se trabaja contra pedido y no contra existencias.

Los distintos modos de transporte —carretera, ferrocarril, marítimo y aéreo— y, especialmente, su integración en sistemas intermodales, han sido un factor clave para la globalización de los mercados, porque han permitido el movimiento de grandes cantidades de mercancías a largas distancias en un corto espacio de tiempo. Con ellos, además, han mejorado las tecnologías de la información y la comunicación. Todos estos factores han sido determinantes para ampliar los mercados a escala mundial. Como contrapartida, la globalización ha obligado a las empresas a reducir costos para mantener los márgenes de beneficio y a buscar estrategias para diferenciarse de la competencia.

Figura 2.1. Los sistemas de transporte permiten mover grandes cantidades de mercancías a largas distancias en un tiempo reducido.

Con ello, la cadena logística de la empresa, que antes se consideraba un mal menor, se ha convertido en un valor añadido para los productos, un intangible de servicio. La satisfacción del cliente no reside en el producto o servicio comprado o contratado en sí, cuya calidad se le supone, sino en que aquel perciba que puede disponer del producto o servicio cuando, donde y en la cantidad que requiere y al mínimo costo posible. Por esta razón, las cadenas de suministro y la eficacia logística son claves para reducir los costos a la vez que constituyen un valor añadido.

Cada cadena de suministro consta de diferentes eslabones, que representan cada una de las empresas que participan en ella, las cuales tienen sus propios sistemas logísticos, en los que existen almacenes para las mercancías y espacios y recursos técnicos para la preparación de pedidos. Una reducción en los costos de estos aplicada en cada una de las empresas, por pequeña que sea a escala individual, resultará elevada en el conjunto de la cadena, ya que será la suma de las reducciones aplicadas en todos los eslabones.

Por este motivo, las empresas buscan sistemas y soluciones que reduzcan los costos en puntos clave de la cadena de suministro, como el almacén y todas las

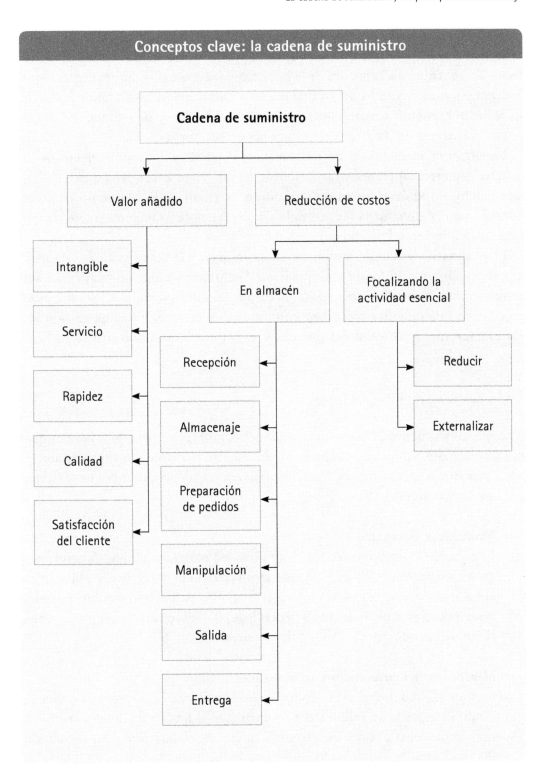

actividades que conlleva (aprovisionamiento, entrada, existencias, manipulación de la mercancía, preparación de pedidos, expediciones, salida y distribución). Todo ello contribuye a la mejora de la productividad y del servicio al cliente. Estos sistemas y soluciones se basan en una buena comunicación, una planificación de los recursos humanos y materiales, unos flujos coherentes y una dimensionalidad y gestión correcta de las diferentes funciones en las empresas.

Las organizaciones se concentran y focalizan su fuerza, inversión y recursos en su actividad esencial *(core business)*, lo que mejor saben hacer cada una de ellas, reduciendo, minimizando, automatizando o externalizando lo que no conlleve valor al cliente o que pueda ser realizado por otras empresas mejores en ese campo a un costo inferior del producto o servicio.

En el almacén se han de minimizar las existencias y la manutención, y agilizar la preparación de pedidos, la manipulación, la entrada y salida de mercancías sin perder servicio y al menor costo posible. Para conseguirlo se necesita llevar a cabo un control, una planificación y una comunicación, en definitiva una gestión logística e interdepartamental del almacén y de la cadena de suministro.

2   Los principios del almacenaje

En el almacenamiento de mercancías se deben seguir unos principios básicos que han de estar alineados con los objetivos globales de la empresa u organización y, especialmente, con sus procesos logísticos. Las principales cuestiones que se deben tener en cuenta son:

- **Maximizar el espacio**
  El espacio de almacenamiento tiene un costo para la organización, normalmente elevado, por lo que hay que aprovecharlo al máximo. El objetivo es almacenar la mayor cantidad de mercancía en el mínimo espacio posible, buscando el equilibrio entre las necesidades del mercado, el tiempo de reposición del producto y la calidad del servicio.

- **Minimizar la manutención del producto**
  Se trata de reducir al máximo los movimientos de las mercancías, asegurando siempre la accesibilidad a las mismas. Al limitar los movimientos al mínimo se reduce la posibilidad de accidentes y el deterioro o las roturas de los productos.

- **Adecuación a la rotación de las existencias**

  Se ha de ajustar la cantidad de producto disponible a la demanda del mercado y a los tiempos de aprovisionamiento. De este modo, se reduce la cantidad de mercancía almacenada y la inversión económica necesaria, con el consiguiente ahorro financiero. La adecuación a la rotación de las existencias también requiere menor espacio de almacenamiento, reduce la cantidad de productos obsoletos o caducados y exige dedicar un menor tiempo a la manutención.

- **Fácil acceso a las existencias**

  Se trata de acceder directamente a la mercancía almacenada, de modo que la manutención sea mínima. Facilitar el acceso a las existencias reduce los tiempos de entrada y salida, así como los de preparación de pedidos, y evita accidentes que pueden afectar a las personas y las mercancías. Como resultado de ello, aumenta la productividad global en el almacén.

Figura 2.2. Se ha de aprovechar al máximo el espacio, almacenando la mayor cantidad de mercancía en el mínimo espacio posible.

- **Flexibilidad de la ubicación**

  Se han de evitar las ubicaciones vacías para evitar incurrir en un costo innecesario. Al reducir las ubicaciones vacías, se consigue aprovechar mejor el espacio, a la vez que se reducen los tiempos de desplazamiento. Sin embargo, es conveniente mantener entre el 5 y el 15 % de ubicaciones vacías para absorber las puntas de entradas que puedan producirse.

- **Fácil control de las existencias**

  Es vital, para la economía de la empresa y la calidad del trabajo de las personas implicadas, gestionar y controlar las existencias. Evita que aumente el costo global del almacenamiento por errores en el servicio, pérdidas de tiempo en tareas de manutención, ubicaciones ocupadas por artículos obsoletos o caducados y falta o exceso de productos, entre otros motivos.

Estos principios de almacenaje se han de aplicar de manera equilibrada. Es decir, se debe conseguir el mínimo espacio, la mínima manutención, la máxima facilidad de acceso y la gestión y control del almacén de modo proporcional.

Si se decanta la balanza hacia alguno de los principios básicos, los costos se elevarán con la consiguiente pérdida de productividad. Este necesario equilibrio se basa en gestionar y controlar con eficiencia los siguientes aspectos:

- Las **características de las mercancías** que se almacenan: es imprescindible conocerlas para establecer las necesidades de espacio y manutención, teniendo presente el acceso a las existencias y la flexibilidad de la ubicación.

- Las **previsiones de la demanda** y los tiempos de aprovisionamiento: permiten determinar las cantidades óptimas de las existencias.

- Los sistemas adecuados para introducir y **acceder a la información** con facilidad y rapidez: ayudan a gestionar y controlar el almacén con los mínimos costos.

Es importante tener presente que el objetivo de la logística empresarial es suministrar al cliente lo que demanda, cuando lo necesita y donde lo requiere, añadiendo valor en la entrega y optimizando de manera global el nivel de costos e inversiones. En definitiva, se trata de alcanzar unos niveles de servicio predeterminados al mínimo costo.

Conceptos clave: los principios del almacenaje

Principios del almacenaje

- Maximizar el espacio
- Minimizar la manutención
- Fácil control de las existencias
- Adecuación rotación de existencias
- Fácil acceso a las existencias
- Flexibilidad de la ubicación

Capítulo 3
Tipología de empresas y almacenes

La operativa y la gestión de un almacén varían dependiendo de la función que desempeña, mientras que las características dependen de la tipología de empresa. Se pueden diferenciar dos grandes grupos de empresas u organizaciones, según las necesidades y la función de sus almacenes: las industriales o productoras y las mercantiles

1   Empresas industriales o productoras

Son aquellas que crean un producto a partir de una o varias materias primas. La materia prima de una empresa puede ser el producto final o acabado de otra, y así sucesivamente hasta llegar a las personas que consumirán o utilizarán dicho producto, es decir, los clientes finales, formando lo que se denomina cadena de suministro. Estas empresas normalmente necesitan almacenes (independientes, externos o en las propias instalaciones de la compañía) de materias primas, de producto final o acabado y de materiales auxiliares (para producción, empaquetado, expediciones o recambios, así como para el funcionamiento administrativo de la misma). Es posible que algunas también necesiten un almacén de productos semielaborados, cuando algún artículo se produzca en diferentes fases espaciadas en el tiempo.

Todas las empresas disponen también de un almacén (aunque muchas veces no se considere como tal) para los archivos, donde se guarda la documentación física generada o recibida en la empresa.

En este grupo se incluyen los laboratorios farmacéuticos, las industrias metalúrgicas, las empresas ensambladoras o las fábricas de telefonía móvil, entre muchos otros sectores de actividad.

2 Empresas mercantiles

A este grupo pertenecen las empresas comerciales y las de servicios, aunque algunas pueden incluirse en los dos grupos.

2.1 Empresas comerciales

Son aquellas que no realizan ninguna transformación en los productos que comercializan. Los compran a empresas industriales o comercializadoras, y los venden a clientes finales, a minoristas o a otras empresas comerciales o productoras. Son

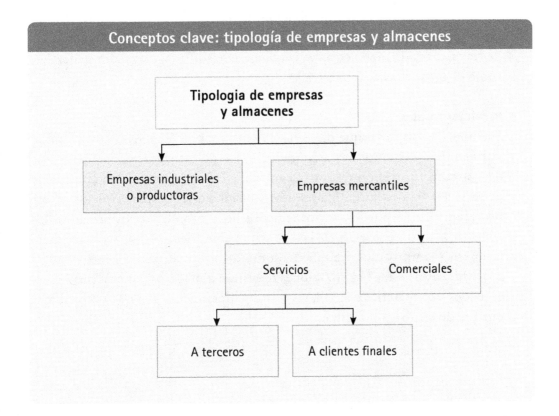

empresas comerciales las distribuidoras, las mayoristas, las cadenas de supermercados y los comercios de proximidad, cuyo cliente final normalmente es la persona usuaria o consumidora del producto.

2.2 Empresas de servicios

No comercian con productos, sino que ofrecen una prestación, normalmente intangible, destinada a satisfacer las necesidades de otras organizaciones o de los clientes finales. Este tipo de empresas pueden proveer de servicios en el ámbito de la logística, el asesoramiento, la planificación o la formación, entre otros. En el ámbito de la logística, las empresas de servicios se pueden subdividir en:

- **Servicios a terceros**
  El producto o la mercancía no es propiedad de la empresa de servicios sino de sus clientes, normalmente empresas productoras o comercializadoras que externalizan una parte o la totalidad de su logística, ya sea la comercial, la de aprovisionamiento o la de distribución. Ejemplos de servicios a terceros son los operadores logísticos que realizan funciones de distribución, las empresas de transportes de mercancías y las comercializadoras de servicios generales, como el agua, el gas o la electricidad.

- **Servicios finales**
  Son aquellas empresas que ofrecen servicios intangibles a los clientes finales. Por ejemplo, las empresas aseguradoras, las de transporte de viajeros, las que ofrecen formación o las de seguridad. También se pueden considerar de servicios finales las entidades u organismos que prestan servicios administrativos, como pueden ser los registros de la propiedad, los juzgados, los ayuntamientos, los gobiernos, las agencias tributarias, o las de servicios sanitarios, ya sean privados o públicos, como los hospitales o los centros médicos. Muchas de estas organizaciones necesitan almacenes para los productos acabados, los materiales auxiliares y la documentación generada o recibida, que puede ser física o digital.

Capítulo 4
Tipos de almacenes

Existen diferentes criterios para clasificar los almacenes, que no son excluyentes. Es posible que una tipología de almacén fluctúe y se pueda clasificar de modo distinto, dependiendo del criterio que se haya seguido para establecer la diferenciación.

Los criterios de clasificación del almacén pueden variar según el régimen jurídico de la infraestructura, las necesidades específicas de una empresa, su organización interna o la operativa y zona de influencia del almacén. Por otro lado, los almacenes también se pueden clasificar según su tipología, la sistemática o el grado de mecanización del almacenaje.

1 Según el régimen jurídico

El almacén puede estar sometido a diferentes regímenes jurídicos, que afectan al terreno donde está ubicado, la edificación o la estructura interna:

- **De propiedad:** la organización que lo utiliza es la propietaria de la infraestructura que incluye el terreno, las edificaciones y la estructura interna.

- **De alquiler:** la empresa usuaria paga mensualmente a un tercero por la cesión del terreno y la edificación mediante un contrato que se renueva de común acuerdo. Normalmente, el mantenimiento de la infraestructura va a cargo de la empresa que la alquila.

- **De *renting*:** la organización que lo utiliza paga mensualmente a un tercero por la cesión del terreno y la edificación durante un tiempo establecido en el contrato. La infraestructura interna del almacén puede estar incluida o no en el mismo. Habitualmente, el mantenimiento de la infraestructura va a cargo de la empresa arrendadora.

- **De arrendamiento financiero o *leasing*:** la empresa usuaria paga mensualmente a un tercero por la cesión del terreno y la edificación durante un tiempo establecido en el contrato. Al finalizar el mismo, la empresa ha de pagar un remanente, y la propiedad de la infraestructura pasa a ser suya. La infraestructura interna puede estar incluida o no en el contrato. Normalmente, el mantenimiento de la infraestructura va a cargo de la empresa que lo utiliza.

2   Según las necesidades de la empresa

El tipo de almacén depende en gran medida de la naturaleza de las mercancías que ha de almacenar la empresa que lo utiliza. Así, se encuentran almacenes de:

- **Materias primas:** son almacenes adaptados a las necesidades y características de los productos base que se utilizarán para producir otros artículos diferentes. Por ejemplo, almacenes de productos químicos para fabricar cosméticos o de arena para fabricar cemento. Son empleados por las empresas productoras o fabricantes.

- **Productos semielaborados:** se trata de almacenes preparados para guardar aquellos artículos que aún no han finalizado su recorrido en el proceso de producción y que, por lo tanto, no se consideran un producto acabado. Por ejemplo, las partes de un mueble que no conforman el producto final hasta que no se ensamblan. Son habituales en empresas fabricantes con procesos largos de producción.

- **Materiales consumibles:** son almacenes para productos auxiliares del producto final o para materiales de uso diario. Por ejemplo, los materiales de embalaje o de oficina, o los recambios para las máquinas . Todas las empresas y organizaciones tienen algún almacén de este tipo.

Figura 4.1. Almacén de arena para la construcción.

- **Productos finales o acabados**: son almacenes destinados a productos preparados para su entrega al cliente. Por ejemplo, los almacenes de productos congelados o de productos de ferretería, o las campas de vehículos. Son utilizados por las empresas productoras, los distribuidores, los operadores logísticos y los comercios, entre otros.

- **Archivos**: son espacios destinados a guardar la documentación generada, recibida y enviada. En ellos se archivan, por ejemplo, las facturas de compra y venta, los albaranes, las nóminas, los contratos, la documentación técnica y los historiales clínicos o judiciales. Todas las empresas y organizaciones tienen como mínimo un archivo.

3 En función de la organización de la empresa

Según sus objetivos, la estructura organizativa de la empresa tendrá unas necesidades de almacenaje u otras:

- **De servicio:** son almacenes dedicados a albergar el producto mínimo necesario para un espacio corto de tiempo. También están incluidos los almacenes temporales ajenos, que se necesitan en ocasiones puntuales, ya sea por un exceso de producción, una recepción inesperada o la adquisición de un elevado volumen de productos que no puede ser asumido por los propios almacenes. Por ejemplo, los almacenes de los comercios o los restaurantes, y los de productos semielaborados.

- **De depósito:** se trata de almacenes preparados para albergar mercancías de empresas que necesitan un espacio de almacenamiento ajeno durante largos periodos de tiempo. Ejemplo de ello son los guardamuebles.

- **Logístico**: son almacenes preparados para una elevada rotación de productos de diferentes tipos. Han de disponer de varias funciones de almacenaje. Por ejemplo, el almacén de una empresa productora que necesita entradas y salidas para el desarrollo de su actividad, o los de las agencias de transporte, utilizados para agrupar mercancías que transportarán hacia un destino común.

- **Reguladores y de distribución**: son almacenes preparados para una elevada rotación de productos, con un área dedicada a la preparación de pedidos. Por ejemplo, los almacenes de operadores logísticos que distribuyen a comercios y supermercados.

4   En función de la operativa y de la zona de influencia

La estructura del almacén dependerá en buena medida de la ubicación de los clientes y de las cantidades mínimas de producto o mercancía que se expiden:

- **De primer nivel o centrales:** son centros con influencia a escala nacional e internacional, con salidas mínimas de palés completos (monoreferencia), que utilizan sistemas de transporte de larga distancia, como tráiler completo, contenedor marítimo, de carga aérea o ferrocarril.

- **De segundo nivel o centros de influencia regional**: son almacenes donde las salidas mínimas son palés completos (monoreferencia o multireferencia), con sistemas de transporte de larga o media distancia.

Figura 4.2. Almacén de primer nivel o central.

- **De tercer nivel o de tránsito**: se trata de plataformas de distribución de influencia regional. Son almacenes con mucha rotación de producto, entrada de palés completos (monoreferencia o multireferencia) y salida en cajas o unidades, a través de sistemas de transporte de media o corta distancia y distribución final.

- **De cuarto nivel o de barrio**: son pequeñas plataformas de distribución (miniplataformas) con un área de influencia muy reducida (un barrio o un distrito, por ejemplo), una gran rotación de productos en pequeñas cantidades, entradas y salidas en cajas o unidades y transporte de corta distancia.

5 En función de las características del almacén

Según el sistema de almacenaje, su automatización y la maquinaria utilizada, el almacén puede ser:

- **Convencional:** almacén de 6-7 m de altura, donde se utilizan carretillas contrapesadas o transpalés para el almacenaje en bloque o bien en estanterías convencionales, compactas o de doble profundidad.

Figura 4.3. **Almacén convencional.**

- **De alta densidad:** almacén de 10-15 m de altura, donde se utilizan carretillas contrapesadas, trilaterales, sistemas semiautomáticos y estanterías convencionales, normalmente de profundidad simple.

- **Automático**: almacén de 20 m de altura o más, donde se utilizan transelevadores y sistemas automatizados, estanterías simples o de doble profundidad.

6 En función de la infraestructura necesaria

Dependiendo del tipo de producto y de las necesidades que garanticen su conservación y seguridad, el almacén puede ser:

- **Al aire libre**: para productos que puedan estar expuestos a las inclemencias del tiempo. Por ejemplo, campas de automóviles o recintos para materiales de construcción.

- **Edificio cubierto:** para productos que no pueden estar a la intemperie, como herramientas, maquinas o electrodomésticos.

Figura 4.4. Almacén al aire libre o a los cuatro vientos.

- **Cámara de temperatura controlada** (normalmente entre 2 ºC y 8 ºC): destinada a productos perecederos que por su composición necesitan preservarse a bajas temperaturas. Por ejemplo, medicamentos, chocolate, carne o pescado fresco.

- **Cámara de congelación** (–20 ºC, aproximadamente): destinada a productos alimenticios que han de mantenerse congelados para preservar su integridad, calidad y cualidades. Por ejemplo, verduras, carne, helados, pescado congelado o marisco.

- **Depósito:** para almacenar graneles líquidos, especialmente en la industria química, como el cloro.

- **Silos:** para guardar graneles sólidos, como cereales o cementos.

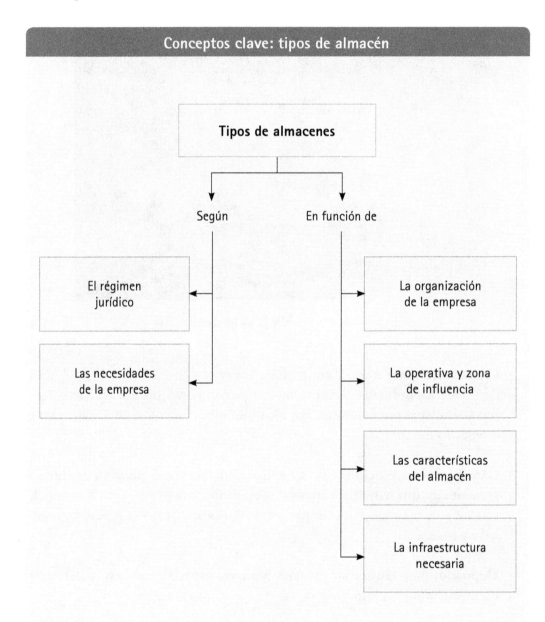

Capítulo 5
La gestión del almacenaje

La gestión del almacén, los pedidos y las existencias permite organizar diariamente las operaciones y los flujos de mercancías, al mismo tiempo que aporta información sobre el almacén y la calidad de su servicio. Para desarrollar esta gestión, hay que interactuar con otros departamentos de la empresa, como compras, aprovisionamiento, comercial, administración o contabilidad, así como con empresas proveedoras y clientes, siguiendo los objetivos globales de la compañía.

La importancia de la gestión y el control del almacenaje residen en una serie de factores:

- Los mercados tienden hacia la inestabilidad.
- La evolución tecnológica y el desarrollo del transporte de mercancías ha globalizado los mercados.
- Se ha pasado de almacenar unos pocos productos a guardar una gran variedad.
- La empresa ha dejado de ser la que decide los productos (sistema *push*, empujar), y ahora son los clientes, el mercado (sistema *pull*, tirar), los que los reclaman y demandan que se adapten a sus necesidades particulares.
- El servicio ha dejado de ser un valor secundario y ahora es importante para el cliente.
- Se ha pasado de un sistema «yo gano, tu pierdes», sin una visión global de la cadena de suministro, a un sistema «tu ganas, yo gano», con una visión global de la cadena.

De este modo, la clave de la competitividad no está ahora exclusivamente en las empresas, sino en las cadenas de suministro y en la colaboración que se establece entre el conjunto de empresas que la forman.

La planificación, la gestión y el control del almacenaje implican adaptar los recursos humanos y materiales para conseguir un nivel de servicio acorde con las demandas de los clientes, cumpliendo la normativa de prevención de riesgos laborales y las recomendaciones sobre manipulación de mercancías.

Todo ello, a su vez, debe estar respaldado por los sistemas documentales de la empresa. Se han de utilizar sistemas informáticos sencillos, claros, adecuados a las características de la empresa y capaces de mostrar la información precisa, así como de facilitar la entrada de datos y la posterior salida de información: ordenes de trabajo, pedidos, etiquetas, albaranes, trazabilidad, indicadores clave de rendimiento o KPI *(key performance indicator),* etc.

La gestión y el control del almacenaje se pueden dividir en dos apartados que se complementan y permiten tener la información y el control global del almacén: la gestión de las existencias y la gestión del almacén.

1 La gestión de existencias

También conocida como gestión de *stocks,* tiene como principales objetivos:

- Equilibrar los tiempos de generación y tránsito de los productos hasta los clientes y ayudar a reducir sus costos al mínimo aceptable.
- Almacenar la menor cantidad posible de productos, ajustándose a las necesidades del mercado y a los tiempos de tránsito, y reduciendo los costos al mínimo posible.
- Evitar la rotura de existencias para mantener la fluidez en el flujo de productos hacia los clientes de acuerdo con sus necesidades.
- Facilitar un correcto servicio a los clientes.

Estos objetivos pueden parecer contradictorios entre sí. Por un lado, hay que almacenar la menor cantidad de productos para que los costos sean los más bajos posibles, mientras que por otro hay que disponer de una cantidad suficiente para poder servir a los clientes. La gestión de existencias tiene que equilibrar estos objetivos para ofrecer el mejor servicio al menor costo posible. Para conseguirlo, se han de tener en cuenta los siguientes aspectos:

- Qué productos o materiales se han de almacenar.
- En qué cantidad se ha de almacenar cada uno de ellos.
- Cuánto cuesta mantenerlos almacenados.
- Cuánto tiempo deben ser almacenados.

Para responder a estas cuestiones es necesario trabajar transversalmente con los diferentes departamentos que constituyen la empresa.

2 La gestión del almacén

La gestión del almacén permite controlar unitariamente los productos y ubicarlos correctamente para reducir al máximo las operaciones de manutención, los errores y el tiempo de dedicación. Trata de establecer cómo y dónde deben almacenarse las mercancías. Sus objetivos son:

- Facilitar la rapidez de las entregas controlando las existencias.
- Conseguir fiabilidad, al permitir conocer qué mercancías hay en el almacén, en qué cantidad y dónde están ubicadas.

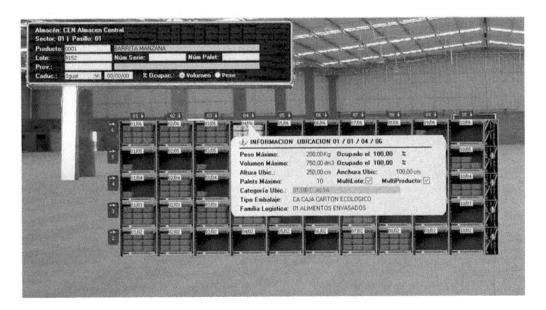

Figura 5.1. Los programas de gestión de almacenes son una herramienta fundamental para optimizar la capacidad y los recursos técnicos y humanos del almacén.

Conceptos clave: tipos de gestión

```
                    Tipos de gestión
        ┌───────────────┼───────────────┐
Teniendo presente                    Teniendo
la visión global de la               presente el «tu ganas,
cadena de suministro                 yo gano»

        ┌───────────────┴───────────────┐
  Gestión de existencias           Gestión del almacén

  Compensar tiempos      Mejorar              Optimizar
                         la productividad     existencias

  Almacenar              Reducir tiempos      Agilizar procesos
  según necesidades      y tareas             y flujos
  del mercado

  Evitar roturas         Aumentar satisfacción   Mejorar la calidad del
  de existencias         clientes                producto

  Servicio                      Reducir costos
  a los clientes
```

- Maximizar el espacio: ubicar la mayor cantidad de mercancía en el menor espacio posible, sin olvidar el resto de los principios del almacenamiento.
- Minimizar las operaciones de manutención de las mercancías.

Una gestión eficiente del almacén aporta a la empresa los siguientes beneficios:

- Reduce las tareas administrativas, evita errores y redunda en un aumento de la productividad.
- Agiliza el desarrollo de otros procesos y de los flujos logísticos.
- Optimiza la gestión del nivel de inversión en existencias, es decir, la cantidad de productos que hay en el almacén.
- Mejora la calidad del producto, que tiene menos posibilidades de deteriorarse al minimizar las operaciones de manutención.
- Rebaja los costos generales.
- Reduce los tiempos de los procesos.
- Aumenta el nivel de satisfacción de los clientes al reducir posibles errores e incidencias.

Capítulo 6
Organización de las mercancías en el almacén

Para organizar y ubicar las mercancías en el almacén se siguen diferentes criterios, que pueden aplicarse de manera complementaria. Normalmente están basados en razones de seguridad para las personas y las mercancías, y en las necesidades específicas de cada producto y las que representa su salida del almacén. Estos criterios básicos de organización son los siguientes:

- **Compatibilidad**
  Las mercancías de igual naturaleza o de características similares pueden ubicarse próximas. Por ejemplo, los productos alimentarios vegetales congelados, como las verduras y hortalizas, son compatibles, pero no pueden estar junto al pescado congelado.

- **Incompatibilidad**
  Puede venir dada por necesidades de conservación diferentes (por ejemplo, productos congelados o frescos), por la naturaleza de la mercancía (los ácidos y las bases, en los productos químicos), por la posibilidad de contaminación (a causa del olor o del sabor) o de intoxicación (derivada de la interacción entre productos), por el peligro de que se dañe una mercancía (por ejemplo, al colocar elementos electrónicos debajo de estanterías con líquidos) o por motivos de seguridad (normativas que puedan afectar al producto, las personas o el medioambiente). También se puede observar estas incompatibilidades fuera de los espacios de almacenamiento, por ejemplo, en los comercios minoristas o mayoristas.

Figura 6.1. Se pueden colocar las mercancías de similares características próximas entre sí.

- **Complementariedad**

    Se trata de mercancías que por su función o sus características se complementan. Se pueden almacenar de manera que los productos complementarios se encuentren próximos los unos de los otros para reducir los recorridos en la preparación de los pedidos. Por ejemplo, pueden almacenarse elementos de mobiliario cerca de otros de decoración de interiores. Algunas empresas amplían este concepto de complementariedad al diseño de sus establecimientos para facilitar el recorrido de los clientes mientras realizan sus compras.

- **Tamaño y forma**

    Para facilitar los movimientos dentro del almacén, es conveniente separar las mercancías de tamaños o formas dispares, ya que la tipología de las estanterías, la maquinaria que se ha de emplear o el espacio que se necesita pueden ser muy diferentes. Por ejemplo, resulta difícil almacenar tuberías en estanterías convencionales para palés o realizar la manutención de este producto con una carretilla eléctrica contrapesada sin los complementos necesarios para su sujeción.

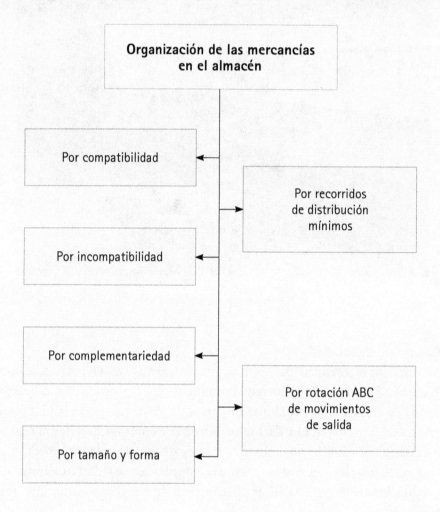

Todos los **movimientos** de las mercancías han de quedar reflejados en el **sistema de gestión de las existencias del almacén**, ya sea manual o informatizado, para poder controlarlas: saber cuáles son y dónde se encuentran, y seguir su trazabilidad.

- **Recorridos de distribución mínimos**
  Conviene disponer las mercancías de manera que se saquen del almacén teniendo en cuenta el orden de colocación para la preparación de pedidos, su expedición o su ubicación en el punto de venta, minimizando así los recorridos que se deban efectuar en la manutención.

- **Rotación de movimientos de salida**
  La zonificación del almacén según el índice de rotación de las mercancías es uno de los criterios de distribución más habituales (véase el apartado 3, Clasificación ABC, en el capítulo 2 «Métodos de almacenamiento y gestión de las existencias»).

Finalmente, la ubicación de la mercancía dentro del almacén también puede estar influida por los procedimientos de salida y la trazabilidad de los productos que se hayan acordado con los clientes o por normativas legales.

Capítulo 7

Métodos de almacenamiento y gestión de las existencias

1 Métodos de almacenamiento

Sirven para determinar cómo se ubican las mercancías entrantes en el almacén. Los sistemas de ordenación pueden ser ordenados o caóticos:

- **Almacén ordenado**
  En este tipo de almacén cada mercancía tiene asignado un espacio o unas ubicaciones predeterminadas y fijas. Normalmente son ubicaciones a medida o preparadas para la mercancía asignada. Este tipo de ordenación se puede encontrar o utilizar en pequeñas y medianas empresas, con pocas referencias de productos, cuyo mercado sea muy estable y con pocas variaciones.

- **Almacén caótico o de hueco libre**
  Son aquellos almacenes que asignan las ubicaciones a medida que se recibe la mercancía. Normalmente se trata de ubicaciones estandarizadas. Este método se utiliza en todo tipo de empresas, ya sean pequeñas, medianas o grandes, con muchas referencias, una elevada rotación y un mercado inestable o muy variado. Para ubicar cada producto pueden existir separaciones no físicas que facilitan su salida; por ejemplo, el sistema ABC, que se explica más adelante.

Una de las diferencias significativas entre estos dos métodos de almacenamiento es la necesidad de espacio extra. Un almacén ordenado requiere un 30 % más de espacio que uno caótico. El método más utilizado es el almacén caótico o de

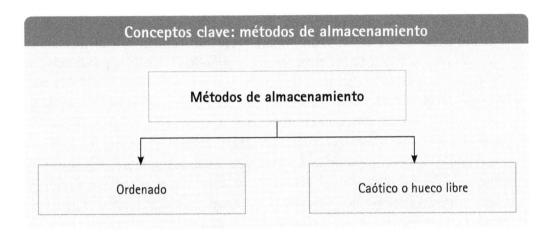

hueco libre, ya que el costo del espacio es normalmente alto, las empresas tienden a ajustar las existencias a las necesidades del mercado y el número de referencias puede ser elevado.

2   Gestión de las existencias

En la operativa global del almacén, se emplean tres sistemas de gestión de las existencias y de las salidas:

- **LI-FO** *(last in, first out* o «el último que entra es el primero que sale»)
  En este procedimiento, el producto recién entrado se ubica delante o encima del que ya se tenía almacenado. Cuando llega un pedido, se toma el producto que está más a mano, el primero que se encuentra y que normalmente coincide con el último que ha entrado. Este sistema se puede emplear para el almacenaje en bloque, en estanterías convencionales de doble profundidad o en estanterías compactas *drive-in*, habitualmente para productos que no tienen fecha de caducidad (es decir, cuyas cualidades no se modifican con el paso del tiempo) y productos a granel. Ejemplos de este tipo de productos son los materiales de construcción, el vidrio o los materiales cerámicos.

- **FI-FO** *(first in, first out* o «el primero que entra es el primero que sale»)
  La última mercancía entrada se debe ubicar de manera que facilite la salida del producto con mayor antigüedad que se tenga en el almacén. Cuando llega

un pedido de dicho producto, se debe tomar el más antiguo. El sistema FI-FO facilita la trazabilidad del artículo y reduce el almacenaje de productos obsoletos, al dar salida primero a los más antiguos. Para que la trazabilidad y la sistemática FI-FO funcionen de manera óptima, se deben utilizar sistemas de gestión corporativa (ERP) y de almacén (SGA). El sistema FI-FO se puede usar en todo tipo de almacenes y estanterías, pero no es conveniente para el almacenamiento en bloque, en estanterías compactas, ni en estanterías de doble profundidad, porque conllevaría una gran cantidad de movimientos que aumentarían el costo y el tiempo de las operaciones. Las estanterías dinámicas y las estanterías compactas *drive-through* están especialmente indicadas para este uso. La mayoría de los productos se pueden gestionar con el sistema FI-FO, ya que se basa en el riguroso orden de entrada, a excepción de los productos a granel, que requieren el sistema LI-FO, y de los productos con fecha de caducidad, que necesitan el sistema FE-FO. Normalmente a estos productos se les asigna un lote en el momento de su producción, para facilitar la trazabilidad. Por ejemplo, se encuentra en sectores como el de la automoción, la electrónica o la confección, y contribuye a evitar que las empresas tengan en sus almacenes una gran cantidad de producto obsoleto.

- **FE-FO** *(first ended, first out* o «el primero que caduca es el primero que sale»)
  Cuando el producto llega al almacén, se debe comparar la fecha de caducidad o de consumo preferente con la misma referencia que ya haya almacenada y ubicarlo de manera que el producto que venza primero sea el que esté en primer término para la salida.

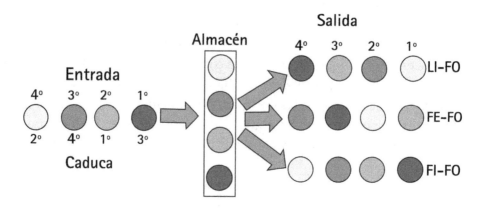

Figura 7.1. Comparativa de los diferentes tipos de gestión de existencias.

Al llegar un pedido de dicho producto, se debe preparar el de la fecha de caducidad o de consumo preferente más próximo. Para que la trazabilidad y el sistema FE-FO funcionen de manera óptima, se deben utilizar sistemas de gestión corporativa (ERP) y de almacén (SGA). El sistema FE-FO se puede usar en todo tipo de almacenes y estanterías, pero no es conveniente aplicarlo en almacenes al aire libre, almacenamiento en bloque, estanterías compactas, ni en estanterías de doble profundidad, porque conllevaría una gran cantidad de movimientos que aumentarían el costo y el tiempo de las operaciones. Se puede emplear en estanterías dinámicas y estanterías compactas *drive-through,* siempre que la entrada sea por orden de caducidad o fecha de consumo preferente. Este sistema está especialmente indicado para productos con fecha de caducidad o de consumo preferente, ya sean frescos, secos, congelados, farmacéuticos, cosméticos, sanitarios o bebidas, por ejemplo.

Los sistemas LI-FO, FI-FO y FE-FO se deben aplicar en función de las características de cada producto. Una de las opciones más utilizadas es la diferenciación por tipo de almacén, ya que el conjunto de productos almacenados en cada uno puede tener características y usabilidades parecidas. Por ejemplo, una empresa distribuidora del canal horeca, en el sector de la alimentación, puede tener:

- Un almacén para producto congelado o ultracongelado que funcione con un sistema FE-FO, por tratarse de productos con fecha de caducidad.
- Un segundo almacén para producto fresco, que funcione con el mismo sistema que el anterior, FE-FO. Por ser producto fresco, su caducidad es extrema y se ha de tener especial cuidado en evitar su permanencia en el almacén.
- Un tercer almacén a temperatura ambiente, donde se ubiquen elementos accesorios, como mobiliario, vajilla, cubertería, etc. y que funcione con un sistema LI-FO.

canal horeca
Horeca es el acrónimo de «hoteles, restaurantes y cafeterías», que también incluye las empresas de servicio de comida preparada *(catering).*

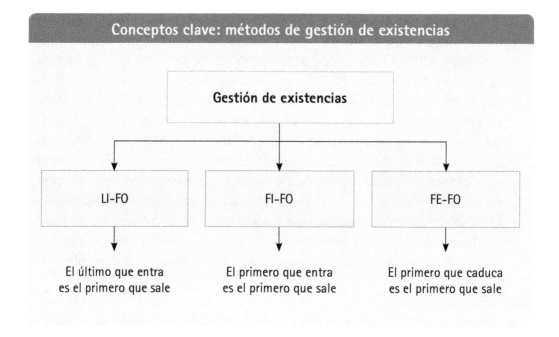

3 Clasificación ABC

En 1897, el sociólogo y economista italiano Vilfredo Pareto observó que el 20 % de las personas tenían el 80 % del poder político y económico, mientras que el resto, o sea, el 80 % de la población, solo tenía el 20 % del poder y de la riqueza. Es lo que actualmente se llama ley del 20/80 o ley de Pareto.

Esta ley es aplicable a todos los entornos, tanto empresariales como personales. A nivel de organización, se aplica especialmente en ámbitos como el control de calidad, las entradas, las salidas, la logística, la distribución o la gestión de inventarios:

- Aproximadamente el 20 % de los artículos en el almacén representa el 80 % del *stock* o existencias.
- Aproximadamente el 20 % de los productos representa el 80 % de las entradas.
- Aproximadamente el 20 % de los artículos representa el 80 % de las salidas.
- Aproximadamente el 20 % de los productos representa el 80 % de los movimientos en el almacén.

En toda organización dedicada a la producción de productos es necesario llevar a cabo una segmentación de los mismos con el objetivo de controlar, gestionar y facilitar sus movimientos, entradas, almacenaje y salidas de forma rigurosa, ágil, rápida y beneficiosa para la empresa. Por esa razón, a nivel organizativo, la ley de Pareto ha derivado a una segmentación mayor y más eficiente, la clasificación y análisis ABC. La clasificación ABC más común o base se divide de la siguiente forma:

- **Productos o artículos A,** productos de una rotación alta o muy alta. Normalmente constituyen entre el 15 % y 20 % de los artículos y representan entre el 60 % y 80 % de los movimientos, las ventas, los costos y el inventario.

- **Productos o artículos B,** productos con una rotación media. Normalmente constituyen entre el 25 % y 35 % de los productos y representan entre el 10 % y 20 % de los movimientos, las ventas, los costos y el inventario.

- **Productos o artículos C,** productos con una rotación baja o muy baja. Normalmente constituyen entre el 40 % y 60 % de los artículos y representan entre el 5 % y 10 % de los movimientos, las ventas, los costos y el inventario.

La clasificación ABC es un sistema abierto y moldeable; y puede representarse gráficamente como se ve en la figura 7.2. Las organizaciones lo aplican con diferentes variantes según sus necesidades. Por ejemplo, es utilizado por aquellas empresas que buscan una mayor segmentación de sus productos, ya sea por la parte superior, la parte inferior o las dos:

– AA, A, B, C
– A+, A, B, C, C-
– S, A, B, C,
– A+, A, B+, B, C, C-

La clasificación ABC puede determinar el diseño de un almacén, la forma de los flujos de mercancías y sus movimientos, así como la gestión del aprovisionamiento, del almacén, de los inventarios, de la extracción de las unidades de producto de su ubicación *(picking)*, de los recursos materiales y de las personas. Es una metodología de segmentación de productos de acuerdo a criterios preestablecidos, como pueden ser indicadores de costo, volumen o cantidad de movimiento, especificaciones de seguridad o ventas. También facilita una gestión diferenciada para cada rango:

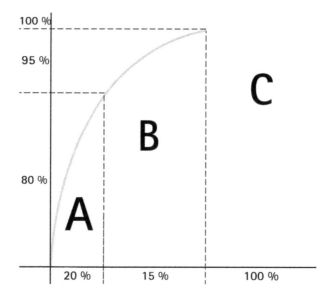

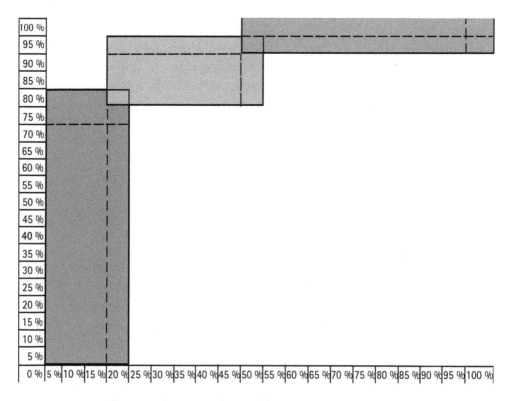

Figura 7.2. Representaciones gráficas de la clasificación ABC.

- **Los productos A** se ubican cerca de la salida porque son los que más movimientos experimentan y de esta manera se reduce el tiempo en los desplazamientos de los recursos. También el control del inventario es mayor, se hace de forma mensual, por ejemplo, para evitar errores en el servicio, pérdidas por caducidad u otros. A la vez, las compras y el aprovisionamiento de estos productos están sometidos a un mayor control para que se puedan servir al cliente sin necesidad de tener elevadas existencias y para poder negociar o pactar precios y lotes de entrega sistemática.

- **Los artículos B** se ubican un poco más lejos de la salida, ya que experimentan una menor cantidad de movimientos que los del grupo A. También el control del inventario es menor, por ejemplo semestral. A nivel de compras y aprovisionamiento se trata de negociar precios, lotes de entrega y sistemática pero con unos parámetros más abiertos, menos ajustados.

- **Los productos C** son los que están más lejos de la salida, ya que los movimientos son mínimos. El control del inventario puede ser anual. La gestión

Figura 7.3. Zona A de un almacén con estanterías cercana al área de expedición de mercancías.

de compras y aprovisionamiento normalmente es baja, lo que da margen a poca negociación. En muchas ocasiones los lotes de entrega y la sistemática las marca el proveedor.

Los sistemas informáticos, como los planificadores de recursos empresariales (ERP) y los sistemas de gestión de almacenes (SGA), facilitan la clasificación ABC, siguiendo los parámetros que se hayan introducido en las bases de los mismos, y permiten extraer la misma en la base que se desee, por ejemplo, por movimientos o por costes. También es posible hacer esta clasificación manualmente o con programas de cálculo, como el Excel. La sistemática hace el cálculo del acumulado de la unidad respeto al total en porcentaje (%).

Las diferentes clasificaciones ABC que se pueden aplicar dentro de cada organización, dependiendo de la medida o base que se utilice, no han de dar el mismo resultado. Es normal que algunos artículos se incluyan en el grupo A en cuanto a movimientos, por ejemplo, en kilos, pero que formen parte del grupo B, en euros, si la clasificación es a nivel económico. En la figura 7.4 se observa un ejemplo de clasificación ABC de movimientos en kilogramos.

En la figura 7.5, se observa una clasificación ABC comparada entre la facturación de un artículo, su costo económico, en euros, y los movimientos, en kilogramos. Se extraen tres ejemplos:

- El artículo 07 es un producto A a nivel económico, facturación y costo, y C en kilogramos movidos.
- El artículo 23 es un producto A en facturación, C en costo y B en kilogramos movidos.
- El artículo 15 es un producto B en facturación y costos, y A en kilogramos movidos.

> **+i** Uno de los principios básicos del almacenaje es el de la mínima manutención posible. Todo movimiento de la mercancía conlleva el riesgo de que sufra un accidente, con la consiguiente pérdida del valor de la misma y un incremento de costos para la empresa.

Artículo	kg	kg (%)	Acumulado kg (%)	Artículo	kg	kg (%)	Acumulado kg (%)
05	1.527.040,12	26,173	26,173	24	22.268,18	0,382	95,383
09	1.244.219,73	21,325	47,498	37	21.577,96	0,370	95,752
01	570.599,32	9,780	57,277	40	20.927,50	0,359	96,111
04	353.104,22	6,052	63,329	48	19.535,00	0,335	96,446
02	207.266,86	3,552	66,882	17	19.390,42	0,332	96,778
15	189.874,56	3,254	70,136	16	16.862,44	0,289	97,067
22	144.514,05	2,477	72,613	25	16.543,73	0,284	97,351
08	121.539,71	2,083	74,696	07	14.472,54	0,248	97,599
18	113.801,99	1,950	76,647	35	14.221,25	0,244	97,843
06	107.406,53	1,841	78,488	13	12.564,75	0,215	98,058
10	99.052,74	1,698	80,185	29	12.436,20	0,213	98,271
23	96.903,92	1,661	81,846	32	12.139,20	0,208	98,479
03	96.034,89	1,646	83,492	19	11.164,69	0,191	98,671
30	89.493,75	1,534	85,026	47	11.073,12	0,190	98,860
26	86.075,00	1,475	86,501	27	10.849,22	0,186	99,046
44	85.714,00	1,469	87,970	45	10.224,48	0,175	99,222
39	84.105,00	1,442	89,412	43	7.372,80	0,126	99,348
21	79.408,47	1,361	90,773	49	6.985,00	0,120	99,468
36	71.706,00	1,229	92,002	42	6.050,38	0,104	99,571
20	37.630,70	0,645	92,647	50	4.920,00	0,084	99,656
12	36.040,68	0,618	93,265	33	4.778,00	0,082	99,738
31	28.380,99	0,486	93,751	38	4.664,00	0,080	99,818
34	25.726,95	0,441	94,192	28	4.434,00	0,076	99,894
11	24.009,96	0,412	94,604	46	4.102,00	0,070	99,964
14	23.191,27	0,397	95,001	41	2.111,16	0,036	100,000

5.834.509,39	100 %

Productos A   Productos B   Productos C

Figura 7.4. **Ejemplo de clasificación ABC.**

Clasificación ABC

Artículo	Facturación (€)	Costo (€)	kg
05	567.474,47	463.302,42	1.527.040,12
09	355.863,67	216686,83	1.244.219,73
01	929.860,39	772.545,16	570.599,32
04	771.374,56	575.889,53	353.104,22
02	878.770,74	668.461,00	207.266,86
15	51.216,33	40.856,27	189.874,56
22	48.108,73	37.102,38	144.514,05
08	359.784,67	262.974,22	121.539,71
18	50.073,50	43.697,46	113.801,99
06	465.568,42	439.454,97	107.406,53
10	254.863,94	180.198,23	99.052,74
23	47.094,56	31.838,41	95.903,92
03	873.058,31	609.177,47	96.034,89
30	32.657,81	19.553,17	89.493.75
26	33.560,12	28.022,55	85.075,00
44	24.387,54	19.270,36	85.714,00
39	25.193,33	16.358,21	84.105,00
21	48.163,57	31.271,18	79.408,47
36	27.929,33	20.754,20	71.706,00
20	48.958,23	35.251,90	37.630,70
12	76.640,56	56.171,80	36.040,68
31	31.520,79	23.574,78	28.380,99
34	29.104,44	21.571,21	25.726,95
11	84.088,50	72.180,87	24.009,96
14	63.894,25	46.012,37	23.191,27

Clasificación ABC

Artículo	Facturación (€)	Costo (€)	kg
24	46.429,02	35.234,37	22.268,18
37	26.959,61	20.680,67	21.577,96
40	25.153,08	17.078,42	20.927,50
48	22.469,03	14.369,90	19.535,00
17	50.222,32	35.434,15	19.390,42
16	50.806,21,,	35.953,24	16.862,44
25	45.,780.23	25.483,49	16.543,73
07	463.323,67	322.990,33	14.472,54
35	28.425,07	19.304,97	14.221,25
13	64.734,28	55.297,17	12.564,75
29	34.103,00	26.097,28	12.436,20
32	30.640,98	23.293,16	12.139,20
19	49.255,50	34.688,91	11.164,69
47	22.479,00	17.806,04	11.073,12
27	34.404,57	27.612,25	10.849,22
45	23.813,69	17.943,75	10.224,48
43	24.576,00	17.223,60	7.372,80
49	22.035,44	15.248,98	6.985,00
42	24.663,92	18.207,58	6.050,38
50	21.819,09	18.860,46	4.920,00
33	29.539,81	24.804,65	4.778,00
38	25.495,06	17.197,44	4.664,00
28	34.307,01	24.557,61	4.434,00
46	22.917,75	16.961,78	4.102,00
41	24.678,63	12.555,91	2.111,16
	7.430.242,73 €	5.727.068,08 €	5.834.509,39

Productos A   Productos B   Productos C

Figura 7.5. **Comparativa de clasificación ABC según la base de valoración.**

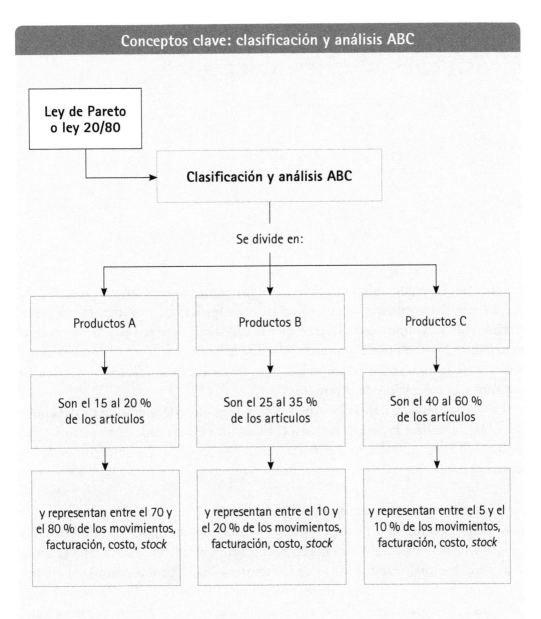

Capítulo 8
Identificación de las ubicaciones

En cualquier tipología de almacén, ya esté organizado mediante el método de almacenamiento ordenado o con el caótico, de hueco libre, es importante tener referenciado cada uno de los huecos que se utilizarán para guardar la mercancía. Esto reduce los tiempos de búsqueda y facilita la gestión de la ubicación y la desubicación de la mercancía, así como los flujos de entrada y salida, los movimientos internos y la realización de inventarios.

La utilización de sistemas informáticos en la gestión de la empresa y del almacén obliga a realizar la identificación del hueco de manera única, inequívoca y no ambigua. Existen dos sistemas para referenciar e identificar las ubicaciones de los almacenes:

- **Identificación por estantería**
  Normalmente se utiliza en espacios reducidos y con poca profundidad, en almacenes pequeños y con pocos pasillos, aunque anchos. La identificación se sitúa habitualmente al inicio de la estantería, en el pasillo central. Al ser pasillos anchos, el circuito presenta forma de U dentro de ellos. La entrada y la salida de cada pasillo se hace por el mismo lado, lo que facilita el paso a otros pasillos a través del central. En la ida se ubica o desubica la mercancía en la estantería 01, por ejemplo, y en la vuelta en la estantería 02. Para facilitar esta operativa y su gestión informática, como se observa en la figura 8.1, la estantería 01 empieza por la ubicación 01 en el pasillo central, y la estantería 02 tiene la ubicación 01 al final de pasillo en el lado contrario a la primera estantería. De esta manera, pueden trabajar dos carretillas a la vez en el mismo pasillo, siempre que el ancho del mismo permita la maniobra y el paso de ambas.

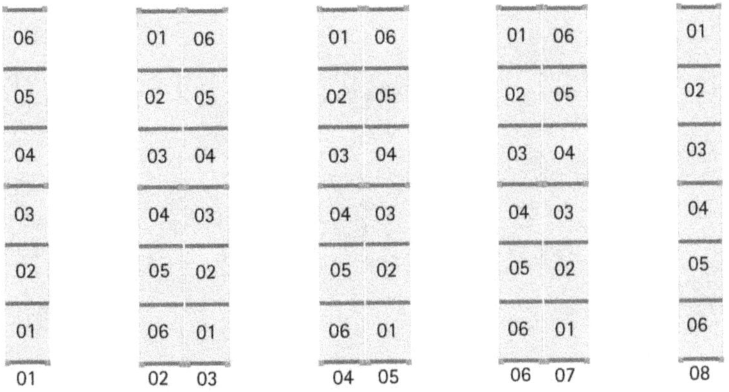

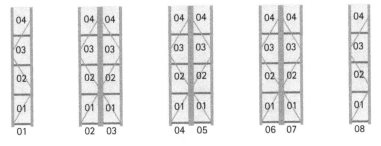

Figura 8.1. Identificación por estantería y ubicación a lo largo de la misma. Los espacios entre estanterías son los pasillos.

Figura 8.2. Identificación de las estanterías y de los huecos de cada una de ellas en altura. Los espacios entre estanterías son los pasillos.

Los huecos se identifican en altura numerándolos de manera creciente desde a ras de suelo, normalmente a partir de la posición 00 o 01, hasta la ubicación más alta, tal como se observa en la figura 8.2.

- **Identificación por pasillo**

    Normalmente se utiliza en almacenes con espacios de almacenamiento anchos y profundos. Los pasillos son estrechos, habitualmente ubicados a la mitad y al final de las estanterías. El circuito tiene forma de Z, de modo que en un solo viaje se puede ubicar o desubicar mercancías en las dos estanterías, a derecha e izquierda del pasillo. Para gestionar este tipo de circuito en Z es necesario que la numeración de las ubicaciones no sea consecutiva en cada estantería, sino que siga una línea imaginaria zigzagueante en forma de Z, como se refleja en la figura 8.3.

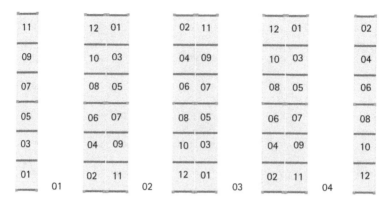

Figura 8.3. Identificación por pasillo y ubicación a lo largo del mismo. Los espacios entre estanterías son los pasillos.

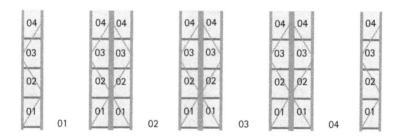

Figura 8.4. Identificación por pasillo y del hueco en altura de la estantería.

Los huecos se identifican en altura numerándolos de manera creciente desde a ras de suelo, normalmente a partir de la posición 00 o 01, hasta la ubicación más alta, tal como se observa en la figura 8.4.

En las figuras 8.3 y 8.4 se han utilizado dos dígitos para indicar las estanterías o los pasillos, la altura y la longitud de cada estantería, pero en algunos almacenes se utilizan tres dígitos o más. Este último sistema permite aumentar la cantidad de dígitos de la numeración, siempre que se tenga presente dicha posibilidad cuando se programa, ya que los cambios posteriores conllevan una tarea laboriosa.

En las estanterías de doble profundidad se pueden utilizar letras para la identificación, por ejemplo la P (de pasillo) y la F (de fondo), la A (de adelante) y la D (de detrás), o la E (de exterior) y la I (de interior). También se pueden usar números siguiendo la misma sistemática de identificación: 01 para la ubicación exterior y 02 para la interior, etc.

En las empresas que disponen de más de un almacén con una gestión centralizada, la identificación de las ubicaciones ha de reflejar a qué almacén

Figura 8.5. Ejemplo de identificación de los bloques de estanterías mediante letras y números en un almacén.

se refieren. Para ello, al igual que en el caso anterior, se pueden utilizar una o más letras, por orden alfabético (por ejemplo, AA, BB, etc.) o números.

Para identificar cada ubicación del almacén de forma clara y unívoca, es necesario que los datos identificativos sigan una estructura y estén ordenados según criterios como los siguientes:

- **El primer grupo,** de uno, dos o tres dígitos (números o letras), indica el almacén. La cantidad de dígitos dependerá del número de almacenes que tenga la empresa. En el caso de que solo disponga de uno, no es necesario aplicar este primer grupo de dígitos.

- **El segundo grupo** de dígitos indica la estantería o el pasillo, según el sistema de identificación elegido. La cantidad de dígitos dependerá del número de estanterías o pasillos. Los dígitos normalmente son numéricos.

- **El tercer grupo** de dígitos indica la ubicación a lo largo de la estantería o el pasillo. La cantidad de dígitos dependerá de la longitud de estos. Los dígitos normalmente son números.

- **El cuarto grupo,** de dos o tres dígitos, indica la altura a la que encuentra la ubicación en la estantería. La cantidad de dígitos, habitualmente dos, dependerá de la altura de las estanterías. Los dígitos normalmente son numéricos.

- **El quinto grupo,** de uno o dos dígitos (números o letras), indica la profundidad a la que está la ubicación en la estantería, en el caso de tener doble profundidad.

Para mantener un orden coherente en los sistemas informáticos, se ha de tener presente la cantidad de dígitos a utilizar. No es lo mismo emplear un solo dígito, por ejemplo 1, que 01 o 001.

En las organizaciones con varios almacenes, la cantidad de dígitos de las diferentes partes de la codificación lo determinará el almacén con mayor número de estanterías, pasillos, profundidades o alturas, a no ser que sean independientes.

Las figuras 8.6 a 8.8 presentan ejemplos de codificación de ubicaciones que siguen las directrices indicadas.

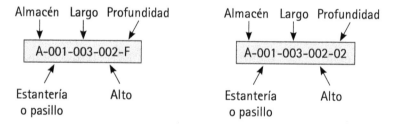

Figura 8.6. Identificación de ubicaciones de una empresa con diferentes almacenes y estanterías de doble profundidad.

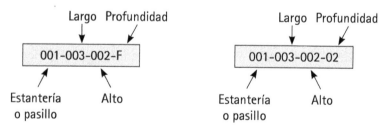

Figura 8.7. Identificación de ubicaciones de una empresa con solo un almacén y estanterías de doble profundidad.

Figura 8.8. Identificación de ubicaciones de una empresa con solo un almacén y estanterías simples.

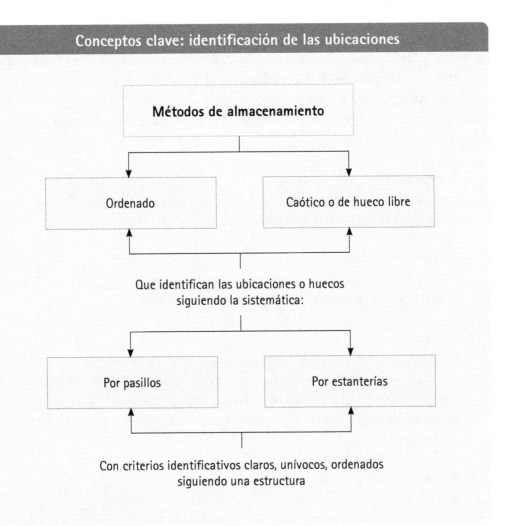

Capítulo 9
Funciones logísticas del almacén

Las principales funciones logísticas de un almacén son la recepción, el almacenaje, la preparación de pedidos y la expedición de mercancías. Estas funciones se sustentan en las áreas operacionales de manutención y manipulación de mercancías, y consolidación y disgregación de cargas. El desarrollo de cada función genera o agrupa diferentes tareas:

- **Recepción**
  Comprende operaciones que se desarrollan antes, durante y después de la entrada de la mercancía en el almacén:

  – Antes de la llegada de la mercancía, la planificación.
  – Durante la llegada de la mercancía, la descarga.
  – Después de la llegada de la mercancía, el control.

- **Almacenaje**
  Consiste en mantener las mercancías ubicadas de manera ordenada, controlada y segura, de acuerdo con sus características durante un periodo de tiempo. Es importante que esta actividad tenga el menor costo posible. Las operaciones que conlleva el almacenaje son: la ubicación, la desubicación, la gestión y el control.

- **Preparación de pedidos**
  Son las operaciones que se realizan después de la petición de una determinada mercancía y que se extienden hasta que el pedido está preparado para

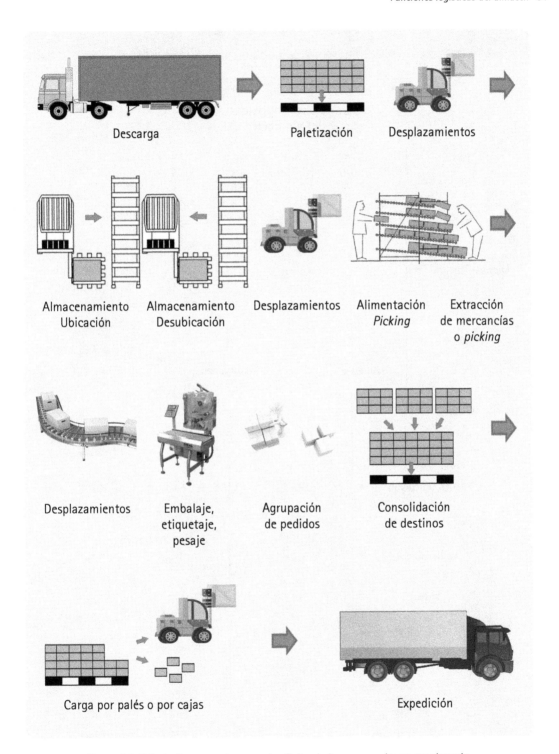

Figura 9.1. Principales operaciones en los flujos de las mercancías en un almacén.

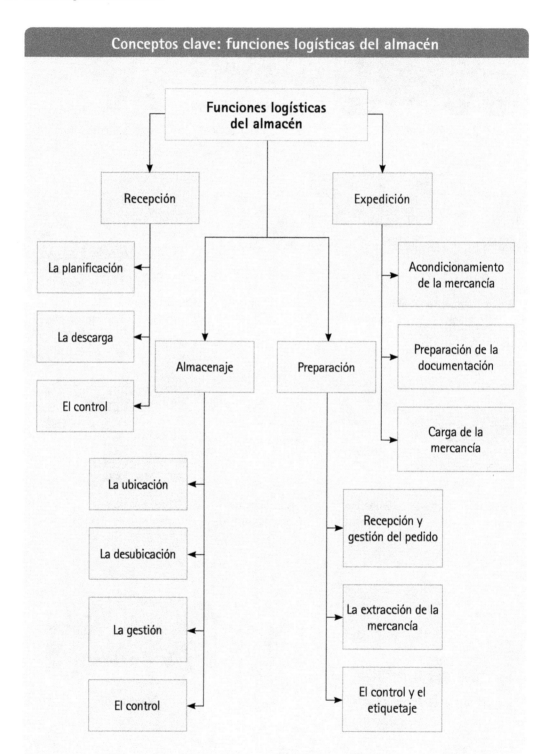

expedirse al destinatario. La preparación de pedidos es importante, entre otros motivos, por el tiempo y los recursos que consume. Se inicia con la recepción del pedido, continúa con su introducción o verificación en el sistema de gestión, la organización y gestión de la preparación del mismo, la extracción de la mercancía de su ubicación, su control (utilizando, por ejemplo, el pesaje o los códigos de barras) y su etiquetaje.

- **Expedición**
  Agrupa las operaciones para facilitar el transporte de las mercancías hasta su destino final, así como la preparación de la documentación necesaria para ello:

  – Acondicionamiento de las mercancías para que lleguen en perfecto estado, de acuerdo con las condiciones de entrega y transporte pactadas con el destinatario.

  – Preparación de la documentación necesaria para el transporte (por ejemplo, la carta de porte o documento análogo) y la entrega al destinatario (como el albarán o la factura).

  – Carga de la mercancía, mediante medios mecánicos o manuales, en el transporte: furgoneta, camión, barco, tren o avión.

Capítulo 10
Áreas operacionales en el almacén

Los principales procesos logísticos en un almacén se desarrollan a través de las áreas operacionales siguientes:

- **Manutención**
  Comprende todos los movimientos de las mercancías, realizados manualmente (por personas, con o sin ayuda de máquinas) o de manera automatizada (sin intervención de las personas). La manutención abarca la recepción y el almacenaje de las mercancías, la preparación de los pedidos y su expedición. Se consideran manutención, por ejemplo, la descarga de un vehículo de transporte, la ubicación y desubicación de palés en estanterías, y los movimientos de artículos hasta la zona de preparación de pedidos o las áreas de producción.

- **Manipulación**
  Comprende las operaciones llevadas a cabo durante el periodo de almacenamiento que pueden significar un cambio en la forma de presentación de una mercancía. Normalmente, se realiza durante el proceso de preparación del pedido, por ejemplo, al agrupar unidades de producto para hacer ofertas especiales, con la modificación del envoltorio, el etiquetaje o el reetiquetaje, o cuando se incorporan otros elementos, como regalos, nuevos artículos de promoción, etc. No se considera manipulación la consolidación o el grupaje de la mercancía para el transporte y la entrega de pedidos.

Figura 10.1. Los productos pueden ser agrupados o manipulados para realizar ofertas o entregar obsequios promocionales.

- **Consolidación de cargas**

  Es una operación que consiste en agrupar las mercancías de diferentes orígenes cuyo destino es común. Se engloban en este grupo la extracción de mercancías *(picking)* y su expedición. Por ejemplo, en las plataformas logísticas de las cadenas de supermercados se agrupan los productos de diferentes proveedores para la entrega conjunta a los establecimientos comerciales minoristas.

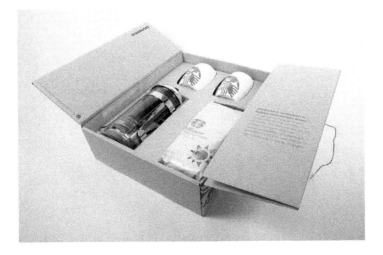

Figura 10.2. Agrupación de productos formando una unidad de carga.

- **Disgregación de cargas**

  Consiste en separar la mercancía recibida de un mismo origen para enviarla a diferentes destinos. Engloba las funciones de recepción, preparación de pedidos y las expediciones. Este tipo de práctica es habitual, por ejemplo, en las compañías de transporte de paquetería, que reciben mercancía desde otras empresas transportistas de forma agrupada y la desagrupan para su reparto.

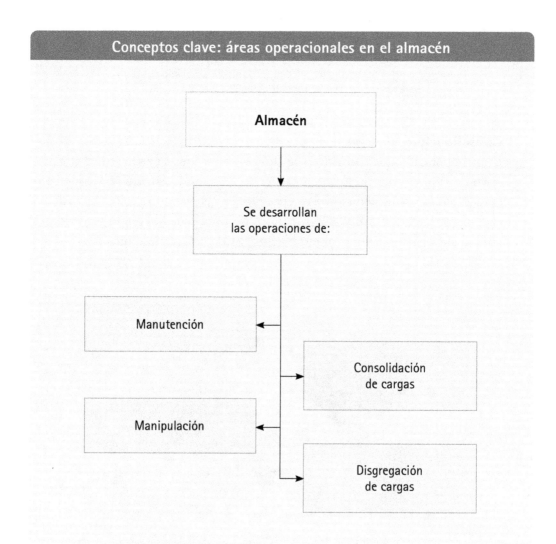

Capítulo 11
Recepción o entrada de las mercancías

El primer grupo de actividades de las operaciones físicas y documentales en el almacén es la recepción o entrada de las mercancías, acto que materializa el compromiso adquirido por el proveedor de poner a disposición del cliente la mercancía solicitada a través de un pedido, en la cantidad, el lugar, el momento, y las condiciones técnicas, legales y de calidad acordados. Comprende, por lo tanto, todas las operaciones de planificación, movimiento físico y control administrativo del flujo de mercancías entre proveedor y cliente.

La recepción de las mercancías es uno de los puntos críticos en la gestión de la cadena de suministro en las empresas, cualquiera que sea el tamaño y el sector al que pertenezcan. Una gestión errónea en la recepción repercute en el conjunto de la cadena logística, en la calidad del servicio y en los costos logísticos de la empresa.

En la recepción de mercancía se distinguen tres fases consecutivas: antes de su llegada, la descarga del vehículo de transporte y después de que esta se haya realizado.

1 Antes de la llegada de las mercancías

Esta fase agrupa todas las operaciones que se han de realizar con anterioridad a la recepción de las mercancías. Incluye la orden de compra o el pedido por parte del cliente, la planificación de las tareas y la verificación de los recursos necesarios para realizar la descarga del vehículo de manera rápida y segura.

- **Orden de compra o pedido**
  Generalmente, debe contener la información que se describe en la tabla 11.1.

- **Planificación de tareas de descarga**
  Consiste en la organización de los recursos humanos y materiales necesarios para la descarga. Se necesita saber:

  – De qué elementos mecánicos se dispone (carretillas eléctricas elevadoras, transpaletas, etc.) y cuáles son necesarios.
  – Cuál es su estado de disponibilidad (por ejemplo, si las baterías están cargadas).
  – Qué cantidad de mercancía se ha de descargar.
  – Cuándo se realizará la descarga y cuánto tiempo se empleará en ello.
  – Qué cantidad de espacio habrá libre en el área o la playa de entrada y cuánto es necesario.

Información del pedido
Fecha del pedido y número
Denominación y datos fiscales de la empresa cliente
Dirección de entrega
Denominación y datos fiscales de la empresa proveedora
Transportista (si es a cargo del cliente)
Tipología del medio de transporte (furgoneta, camión, tráiler, ferrocarril, barco, avión)
Requerimientos especiales del medio de transporte (temperatura controlada positiva o negativa, vehículo bañera, cisterna, góndola, plataforma, volquete, transporte especial, etc.)
Tipología del embalaje de transporte y almacenaje (mercancía paletizada, a granel, en cajas sueltas, rodante, en bolsas, embalaje especial, etc.)
Referencia de la mercancía (denominación, descripción, dimensiones, cantidad, etc.)
Fecha y horario de llegada deseado
Requerimientos especiales (de conservación, transporte u otros)
Otras observaciones necesarias

Tabla 11.1. Información general que debe contener la orden de compra del cliente al proveedor.

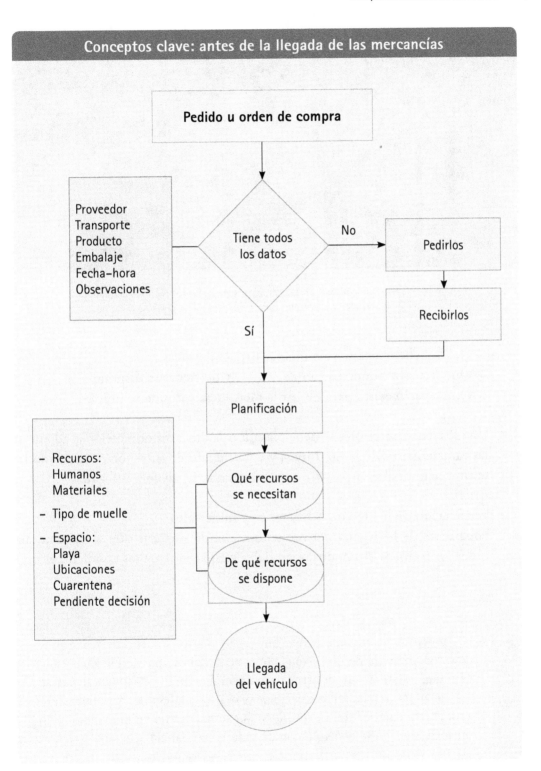

Figura 11.1. **Hay que comprobar que se dispone de todos los recursos humanos, materiales y espaciales para recibir las mercancías.**

– Qué muelle o área se va a utilizar para la descarga.
– Qué recursos humanos son necesarios y de cuáles se dispone.
– Qué espacio existe para ubicar la mercancía y dónde se ubicará.

Con los datos anteriores se debe planificar la descarga que mejor se adapte a las características de la mercancía y del vehículo de transporte, buscando la optimización del tiempo y de los recursos que se vayan a utilizar.

- **Verificación de los recursos humanos y materiales**
  Poco antes de la llegada del vehículo, se ha de verificar que se dispone de todos los recursos, humanos, materiales y espaciales, en las condiciones óp-

> +i Los procesos de manipulación, almacenamiento, transporte y distribución comercial de determinadas mercancías solo se pueden llevar a cabo con algún **sistema de control de su temperatura**. Estas mercancías se clasifican en: refrigeradas, congeladas o ultracongeladas, a temperatura ambiente y en caliente. La rotura de la cadena de frío en la alimentación provoca la retirada o devolución de toda la mercancía afectada.

timas para una correcta y rápida realización de las tareas de descarga y ubicación de la mercancía.

2 Descarga de la mercancía

Consiste en la llegada del vehículo de transporte, la verificación documental, la descarga física (que puede incluir, si es necesario, la creación de una unidad de almacenaje), la verificación visual, la confirmación documental y la partida del vehículo.

- **La llegada del vehículo de transporte**
  Se han de realizar las siguientes tareas:

    - Confirmar que la empresa receptora es la destinataria de la mercancía.
    - Indicar al conductor del vehículo el muelle de descarga, en caso de que haya más de uno.
    - Facilitar la maniobra del vehículo para su descarga.
    - Verificar que las características especiales del transporte se han cumplido. Por ejemplo, en el transporte de productos congelados se verifica con un termómetro en diferentes puntos de la caja del vehículo o contenedor que la temperatura se sitúa entre −18º y −21º al abrir las puertas.

- **La verificación documental**
  Esta operación, previa a la descarga de las mercancías, consiste en:

    - Cotejar el albarán de entrega con el pedido o la orden de compra.
    - Comprobar si se han cumplido las características especiales indicadas para el transporte (por ejemplo, los controles de temperatura de máximos y mínimos durante el transporte; algunos vehículos están preparados para mostrar una lectura de la misma durante el trayecto).
    - Facilitar la presencia del conductor, en el caso de vehículos de carretera, para verificar que la mercancía no ha sufrido deterioro durante el transporte.

- **La descarga**
  Es el acto físico del proceso de entrega de la mercancía, es decir, su recepción por el destinatario:

- En la descarga se han de emplear los recursos humanos y materiales planificados.
- La mercancía se ha de ubicar en el espacio destinado en el área de recepción o playa, teniendo en cuenta que si el embalaje presenta condiciones deficientes puede quedar pendiente de una decisión sobre su destino final.
- En la descarga manual, se creará la unidad de almacenaje en la misma operación, cuidando que el etiquetado quede posicionado de manera que se pueda realizar su lectura con sistemas automatizados.

- **La verificación visual**
Se ha de realizar durante la operación de descarga. Podría darse el caso de que la descarga no se llegase a realizar, total o parcialmente, por no estar la mercancía conforme, presentar un embalaje defectuoso o haber sufrido algún percance durante el transporte que pusiera en peligro su descarga o a las personas implicadas en la misma. La verificación visual conlleva:

 - Comprobar que la mercancía está bien posicionada y sujeta en el vehículo o contenedor.

Figura 11.2. La descarga del vehículo de transporte o el vaciado del contenedor se han de realizar con los recursos humanos y técnicos adecuados.

- Asegurarse de que no ha sufrido golpes, que el embalaje está en condiciones óptimas, sin roturas ni deformaciones.
- Confirmar que esté preparada para su descarga: palés en buen estado, peso adecuado para los medios que se van a emplear y que el etiquetaje esté colocado correctamente para facilitar su lectura.

En el caso de que se detecte alguna anomalía, la mercancía afectada ha de separarse físicamente del resto para realizar un control exhaustivo, antes de la partida del vehículo para su devolución inmediata o con posterioridad.

- **La confirmación documental**

  Consiste en verificar y confirmar los albaranes de entrega y el pedido u orden de compra con la mercancía recibida, anotando siempre cualquier anomalía o diferencia que se pueda detectar en la descarga. La tabla 11.2 muestra los aspectos que hay que tener en cuenta en esta fase del proceso de descarga de la mercancía.

VERIFICACIÓN DOCUMENTAL EN LA DESCARGA DE LA MERCANCÍA
Que la cantidad se corresponda con el pedido (de lo contrario, verificar si hay alguna indicación que diga que es una entrega parcial)
Que no falten datos: el número de lote, la fecha de caducidad, etc.
Que concuerden las referencias entre el pedido, los albaranes y la mercancía
Que se corresponda con los valores del pedido, si el albarán está valorizado
La cantidad de mercancía pendiente de revisar por embalaje deficiente (hay que indicar la referencia del producto correspondiente, la cantidad de mercancía en cuarentena y la referencia de la mercancía implicada)
Que la mercancía esté bien sujeta en la caja del vehículo o contenedor
Que la temperatura del vehículo o contenedor sea la correcta a la llegada
Indicar y adjuntar copias de los registros pertinentes de temperatura en el trayecto o la llegada
Anotar la fecha y hora de llegada

Tabla 11.2. Aspectos que se han de tener en cuenta en la verificación documental durante la descarga de la mercancía.

- Las anotaciones que se realicen han de registrarse en todos los albaranes y copias.
- Es importante asegurarse de que el transportista firme toda la documentación y las anotaciones realizadas (siempre que haya estado presente en la descarga).
- En esta documentación han de figurar el sello de la empresa y el sello o anotación de «conforme salvo examen» o «pendiente de examen» u otra similar, para evitar los problemas que se pudieran generar si en un momento posterior a la llegada se encontraran anomalías en la mercancía.
- También han de figurar la firma y el nombre de la persona que ha realizado la descarga o de la responsable de entradas o recepción de la empresa.
- Es importante la presencia del transportista en el momento de la descarga para que pueda certificar el estado de la mercancía en la entrega. En el caso de no certificarlo, la gestión se puede complicar, especialmente si la mercancía llegara defectuosa. Debe preverse que el transportista no firmará las observaciones o anomalías detectadas si no está presente en la descarga.

La legislación de cada país estipula el plazo para hacer reclamaciones por problemas en el transporte de la mercancía.[2] Por ello, es sumamente importante anotar todas las observaciones, anomalías o defectos en el albarán, ya que con estos apuntes más la firma del transportista y la del responsable de la descarga, junto al sello de la empresa, se estarán cumpliendo requisitos necesarios para la reclamación de daños que pudieran derivarse.

- **La partida del vehículo**
  Es la última operación de esta fase e incluye la entrega de la documentación sellada, firmada y con las anotaciones pertinentes al transportista, y la salida del vehículo del muelle de descarga.

---

[2] En España, por ejemplo, existe un máximo de siete días naturales. Véase la Ley 15/2009 sobre el contrato de transporte terrestre de mercancías, artículo 60.

Recepción o entrada de las mercancías 75

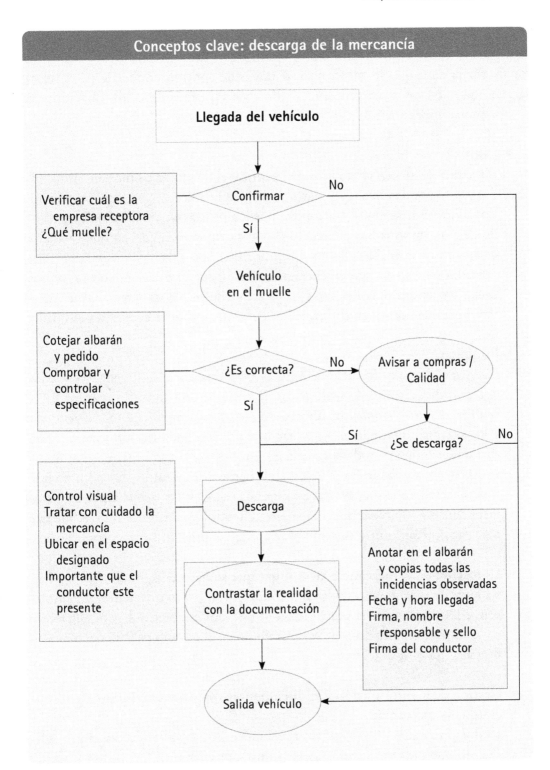

3 Después de la descarga

Finalizada la descarga, se deben realizar tareas de control, etiquetaje (si es necesario), ubicación de la mercancía en el almacén y gestión de la información y la documentación pertinente.

- **Control**
  Los controles tienen como finalidad verificar el estado de las mercancías recibidas y si responden a los estándares de calidad establecidos para cada producto. Los controles de entrada y de calidad pueden ser más o menos laxos dependiendo de si la empresa ha concertado con el proveedor un contrato de calidad y de los términos establecidos en el mismo. También se han de realizar controles sobre las mercancías que se encuentren en espera de decisión, con un repaso unitario o aleatorio, por ejemplo, cuyo resultado puede ser el reembalaje y posterior entrada normal en el almacén, la devolución al proveedor o su desechado.

- **Etiquetaje**
  Cada vez es menos frecuente etiquetar los productos a su llegada, ya que los sistemas de gestión y la utilización de códigos de barras GS1, antes EAN (*european article number* o número de artículo europeo), el *hardware* lector y los sistemas informáticos están facilitando la estandarización y unificación de nomenclatura en toda la cadena de suministro. De este modo, se utiliza el mismo lenguaje desde el inicio hasta el cliente final, siempre que no haya una modificación en la mercancía. En algunos casos en los que el embalaje estuviera dañado y hubiera de reembalarse se tendría que realizar un reetiquetaje para facilitar su lectura durante el resto de los procesos internos y externos.

- **Ubicación de la mercancía en el lugar que se haya designado**
  La mercancía se ubicará en los huecos preparados anteriormente en el almacén, en los huecos de la preparación de pedidos establecidos para tal efecto, en los espacios destinados a expediciones o en el espacio para su devolución, destrucción o reparación.

- **Gestión de la información y la documentación generada durante la recepción de la mercancía**
  La documentación física recibida será entregada según el flujo y el procedimiento que cada empresa tenga definido, por ejemplo:

- Los albaranes de la mercancía.
- Los documentos de transporte, como la carta de porte CMR, la carta de porte CIM (para el transporte por carretera o ferrocarril, respectivamente) el certificado ADR (en el transporte de mercancías peligrosas por carretera) o el certificado de conformidad CSC (relativo a la seguridad de los contenedores).
- Los albaranes de transporte.
- La factura.
- La documentación adicional que puede llevar la mercancía.
- La documentación generada durante el proceso.

En la cadena de suministro es fundamental gestionar correctamente la información de entrada en el almacén. Gran parte de ella, como puede ser el lote, la partida, la caducidad o el consumo preferente, facilita la trazabilidad del producto dentro de la empresa, en relación a los proveedores y hacia los clientes. En muchos sectores, la trazabilidad del producto es muy importante, ya que permite detectar, apartar, reparar o verificar un producto sin riesgo para el cliente final. Por ejemplo, en el sector de la automoción un fabricante puede llamar a revisar solo unos vehículos concretos, según el modelo o la fecha de fabricación; o en el sector de la alimentación, es posible retirar del mercado solo una partida o lote concreto.

Figura 11.3. Después de la descarga, hay que ubicar adecuadamente la mercancía en el almacén.

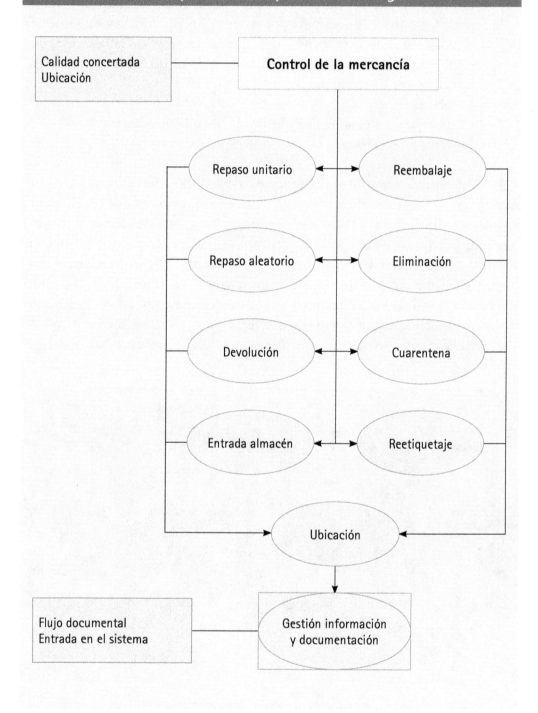

4 Adecuación a las características de la empresa

Dependiendo de la organización, la dimensión de la empresa y las características de la mercancía, algunas tareas no se realizarán, ya que son innecesarias, por ejemplo:

- Cierto tipo de controles, si hay un contrato de calidad concertada.
- El etiquetaje o reetiquetaje.
- La planificación de la descarga, que puede reducirse considerablemente en empresas con pocos movimientos de transporte.

Uno de los problemas más habituales en las pequeñas y medianas empresas es la falta de planificación e información en la entrada de la mercancía. Las siguientes situaciones pueden impedir la correcta información del flujo de llegada de mercancía:

- No disponer de información sobre lo que acaba de llegar.
- Tener información sobre lo que ha de llegar pero no de cuándo lo hará ni cómo.
- Que el camión se encuentre en el muelle pero que no haya recursos humanos ni materiales preparados.
- Que no se disponga de espacio suficiente en el almacén para ubicar la mercancía.
- Que llegue mercancía no pedida pero que habrá que descargar.
- Que la mercancía llegue sin albarán.
- Que llegue la mercancía con la documentación sin información suficiente o que esta sea errónea.
- Que haya diferentes partidas, lotes, caducidades, etc. de un mismo producto, lo cual dificulta su gestión y puede provocar errores en la trazabilidad.

Figura 11.4. El etiquetaje o reetiquetaje es con frecuencia una operación necesaria antes de ubicar las mercancías en el almacén.

Capítulo 12
Mecanización y automatización de los almacenes

1 Almacenes manuales

En este tipo de almacenes son muy importantes los recursos humanos, que crecen a medida que aumentan las dimensiones del almacén, el volumen de los flujos de entrada y salida y la cantidad de movimientos que se deban efectuar. Los recursos materiales más recurrentes son las transpaletas, los carritos, los elevadores manuales o eléctricos, las carretillas frontales contrapesadas, los puentes grúa, etc.

Las infraestructuras pueden ser muy simples, como es el caso de las campas descubiertas, los almacenes de productos para la construcción o las naves diáfanas para apilar mercancías en bloque o a un solo nivel a ras del suelo. Las estanterías suelen tener una altura máxima de 6-7 m y ser compactas o convencionales, ligeras, compactas *drive-in y drive-through* o en voladizo.

Una de las características de este tipo de almacenes es que pueden funcionar con una baja gestión informatizada, excepto en sectores como el de la automoción y las campas de vehículos.

2 Almacenes con elementos automatizados

En este tipo de almacenes, los recursos humanos empleados decrecen a medida que aumenta el grado de automatización y se emplea maquinaria con mayor capacidad. En cambio, los recursos materiales aumentan, tienen mayor complejidad técnica y requieren de mantenimiento.

La infraestructura puede consistir en una nave diáfana, en un conjunto de naves unidas físicamente con aberturas para el tránsito de personas y elementos de manutención (recursos materiales mecánicos) o en naves separadas físicamente con caminos externos que las unan. Las estanterías utilizadas tienen una altura de 10-15 m y pueden ser convencionales, simples o de doble profundidad, dinámicas, de gravedad, móviles manuales o eléctricas, en voladizo, etc.

La maquinaria para las tareas de manutención puede incluir desde simples transpaletas, carritos, elevadores manuales o eléctricos, carretillas frontales contrapesadas y puentes grúa, hasta máquinas más sofisticadas, como carretillas trilaterales, básculas en línea, gálibos en línea, cintas transportadoras o rodillos de transporte.

También se pueden incluir en este grupo los almacenes empleados para la preparación de pedidos o que dispongan de maquinaria de extracción de productos, como los *mini load*, los carruseles horizontales o los paternóster.

3 Almacenes semiautomatizados

Estos almacenes requieren menos recursos humanos pero más recursos materiales, con más complejidad técnica y un elevado grado de mantenimiento.

Las infraestructuras acostumbran a ser naves diáfanas que pueden superar los 20 m de altura, si la legislación local lo permite. Habitualmente, este tipo de almacenes se concentran en una sola nave, pero también pueden consistir en un conjunto de naves unidas físicamente, con aberturas para el tránsito de personas y mercancías, o en naves separadas físicamente y conectadas mediante caminos externos.

Estos almacenes pueden disponer de estanterías simples o de doble profundidad, así como de maquinaria de extracción de productos, como los *mini load*, los carruseles horizontales o los paternóster, y ser utilizados para la preparación de pedidos. La maquinaria de manutención puede incluir transelevadores, complementados con básculas, gálibos en línea, cintas transportadoras, rodillos de transporte o carriles colgantes, entre otros elementos.

4 Almacenes automatizados

Los recursos humanos requeridos suelen ser mínimos debido a su alto grado de automatización, aunque su presencia también dependerá de factores como las dimensiones del almacén o el volumen de productos de entrada y de salida. Normalmente

Figura 12.1. **Almacén automatizado con estanterías para cajas.**

las salidas individuales consisten en cantidades mínimas de palés completos (monoreferencia), lo que supone una gran cantidad de operaciones de manutención.

La infraestructura suele ser una nave diáfana, que puede superar los 30 m de altura. Un ejemplo de almacén automático son los autoportantes, donde el conjunto de estanterías, cuya altura puede superar los 40 m, sirve para aguantar las paredes y el techo.

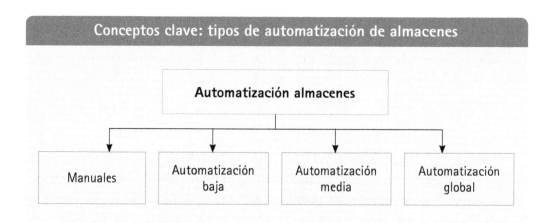

Las estanterías pueden ser simples o de doble profundidad. La maquinaria para la manutención consiste en transelevadores que pueden estar complementados con cualquier otro tipo de maquinaria que asegure la capacidad de almacenamiento y la rapidez de los movimientos en el almacén.

En este tipo de almacenes, la gestión informática y la utilización de sistemas de radiofrecuencia son necesarias para garantizar una gestión óptima.

5   Mecanización del almacenaje

En función de la sistemática o grado de mecanización del almacenaje, los almacenes se pueden clasificar en los tipos que se detallan en las fichas 1 a 17.

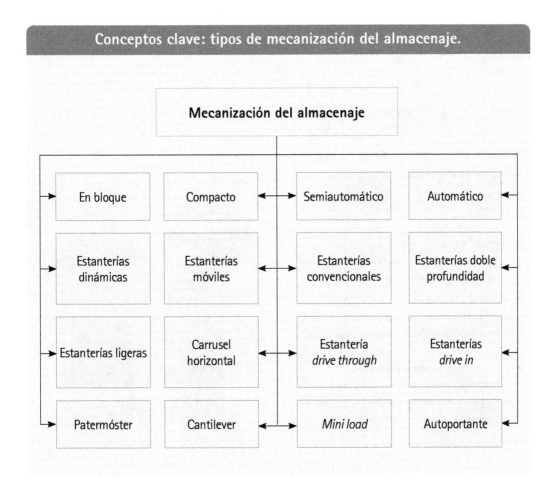

1. Almacenamiento en bloque

- Maximiza el espació al ser diáfano.
- Puede ser al aire libre.
- No se utilizan estanterías.
- Puede emplearse para almacenes monoreferencia o multireferencia.
- Aplica la sistemática LI-FO preferiblemente a las FI-FO y FE-FO.
- Es necesario identificar correctamente el producto.
- Presenta dificultades para identificar la ubicación.
- Normalmente utiliza un sistema de almacenaje ordenado, no caótico.
- Requiere poco mantenimiento, dedicado a infraestructuras.

2. Almacenamiento compacto

- Maximiza el espacio al haber pocos pasillos.
- Puede ser al aire libre.
- Se pueden utilizar estanterías desmontables o fijas.
- Puede emplearse para almacenes monoreferencia o multireferencia.
- Aplica la sistemática LI-FO preferiblemente a las FI-FO y FE-FO.
- Es necesario identificar correctamente el producto.
- Presenta dificultades para identificar la ubicación.
- Normalmente utiliza un sistema de almacenaje ordenado, no caótico.
- Requiere poco mantenimiento, centrado en infraestructuras y estanterías.

3. Almacenamiento en estanterías convencionales

- Los pasillos han de estar adaptados a la maquinaria empleada.
- Puede ser al aire libre, aunque no es lo más habitual.
- Normalmente tiene estanterías fijas.
- Los estantes pueden ser para cajas o palés.
- Presenta el ancho estandarizado a palés, ya sea europalés o palés americanos.
- Los estantes pueden ser de medidas variables en altura.
- Aplica las sistemáticas LI-FO, FI-FO y FE-FO.
- Es necesario identificar correctamente el producto y la ubicación.
- El sistema de almacenaje puede ser caótico u ordenado.
- Requiere poco mantenimiento, centrado en infraestructuras y estanterías.

4. Almacenamiento en estanterías de doble profundidad

- Los pasillos han de estar adaptados a la maquinaria empleada.
- Puede ser al aire libre, aunque no es lo más habitual.
- Las estanterías son fijas.
- Normalmente los estantes son para palés.
- Presenta el ancho estandarizado a palés, ya sea europalés o palés americanos.
- Las medidas de los estantes pueden variar en altura.
- Las estanterías pueden utilizarse para almacenes monoreferencia o multireferencia.
- Aplica las sistemáticas LI-FO, FI-FO y FE-FO, aunque en las dos últimas aumenta el número de movimientos, lo que dificulta su control.
- Es necesario identificar correctamente el producto y la ubicación.
- El sistema de almacenaje puede ser caótico u ordenado.
- Requiere poco mantenimiento, centrado en infraestructuras y estanterías.

5. Almacenamiento en estanterías dinámicas de gravedad

- Maximiza el espacio.
- Minimiza los movimientos.
- Los movimientos de los productos se hacen con sistemas mecánicos o de gravedad, sin emplear recursos humanos.
- Utiliza estanterías fijas donde la mercancía circula.
- Normalmente los carriles son para palés.
- Presenta el ancho estandarizado a palés, ya sea europalés o palés americanos.
- La altura de los estantes se adapta a las necesidades.
- Puede utilizarse para almacenes monoreferencia o multireferencia.
- Los carriles son monoreferencia.
- Aplica la sistemática FI-FO y, con muy buen control, la FE-FO.
- Es necesario identificar correctamente el producto y la ubicación.
- El sistema de almacenaje normalmente es caótico.
- Requiere mantenimiento, mayor si es mecánico y no por gravedad.

6. Almacenamiento en estanterías móviles

- Utiliza estanterías móviles sobre raíles.
- Puede ser al aire libre, aunque no es lo habitual.
- Maximiza el espacio.
- Aumenta el tiempo de espera para abrir o cerrar pasillos.
- Las estanterías pueden ser manuales o eléctricas, para abrir o cerrar.Los estantes pueden ser para cajas, palés, archivos, etc.
- Presenta el ancho estandarizado a palés, ya sea europalés o palés americanos.
- La altura de los estantes se adapta a las necesidades.
- Puede utilizarse para almacenes monoreferencia o multireferencia.
- Aplica la sistemática FI-FO y, con muy buen control, la FE-FO.
- Es necesario identificar correctamente el producto y la ubicación.
- El sistema de almacenaje normalmente es caótico.
- Requiere un mantenimiento mayor, sobre todo si las estanterías son eléctricas.

7. Almacén semiautomático

- Maximiza el espacio al permitir pasillos estrechos.
- Ofrece mayor altura de almacenamiento.
- Los estantes pueden ser para cajas o palés.
- Presenta el ancho estandarizado a palés, ya sea europalés o palés americanos.
- La altura de los estantes se adapta a las necesidades.
- Normalmente es multireferencia.
- Aplica las sistemáticas FE-FO y FI-FO.
- Es necesario identificar correctamente el producto y la ubicación.
- El sistema de almacenaje normalmente es caótico.
- Requiere un mantenimiento mayor.
- Requiere sistema de gestión del almacén (SGA) y sistema de gestión corporativa (ERP) completo.
- Emplea menos recursos humanos.
- Parte de los movimientos de ubicación y desubicación son automatizados.

8. Almacén automático

- Maximiza el espacio al ser menores los pasillos.
- Ofrece mayor altura, al ser máxima la altura de las estanterías.
- La altura de los estantes se adapta a las necesidades.
- Normalmente es para palés.
- Presenta el ancho estandarizado a palés, ya sea europalés o palés americanos.
- Normalmente es multireferencia.
- Aplica las sistemáticas FE-FO y FI-FO.
- Es necesario identificar correctamente el producto y la ubicación.
- Permite gran velocidad en los movimientos.
- El sistema de almacenaje normalmente es caótico.
- Requiere un mantenimiento mayor.
- Necesita sistema de gestión del almacén (SGA) y sistema de gestión corporativa (ERP) completo.
- Emplea menos recursos humanos.
- Automatiza gran parte de los movimientos.
- Las tareas están separadas y se pueden realizar entradas y salidas al mismo tiempo.

9. Almacén con estanterías ligeras

- Maximiza el espacio, sobre todo los altillos.
- En poco espacio hay muchas referencias con poca cantidad de producto.
- La altura de los estantes se adapta a las necesidades.
- La altura es mínima para poder alcanzar los productos sin medios mecánicos.
- Normalmente es para cajas.
- Normalmente es multireferencia.
- Aplica las sistemáticas LI-FO, FI-FO y, en menor medida, la FE-FO.
- Es necesario identificar correctamente el producto y la ubicación.
- El sistema de almacenaje puede ser caótico u ordenado.
- Requiere bajo mantenimiento.
- Los movimientos son manuales.

10. Almacén con estanterías compactas *drive-in*

- Puede ser al aire libre, aunque no es lo habitual.
- Los espacios de los pasillos han de estar adaptados a la maquinaria empleada.
- Utiliza estanterías fijas.
- Normalmente los estantes son para palés.
- Presenta el ancho estandarizado a palés, ya sea europalés o palés americanos.
- Los estantes pueden ser de medidas variables en altura, aunque unificados en cada línea de estanterías.

- Las estanterías pueden utilizarse para almacenes monoreferencia o multireferencia.
- Cada canal normalmente es monoreferencia.
- Aplica la sistemática LI-FO.
- Es necesario identificar correctamente el producto y la ubicación.
- El sistema de almacenaje puede ser caótico u ordenado.
- Requiere poco mantenimiento, centrado en infraestructuras y estanterías.

11. Almacén con estanterías compactas *drive-through*

- Los espacios de los pasillos han de estar adaptados a la maquinaria empleada.Dispone de doble pasillo, uno de entrada y otro de salida.
- Los espacios de los pasillos han de estar adaptados a la maquinaria empleada.
- Puede ser al aire libre, aunque no es lo habitual.
- Utiliza estanterías fijas.
- Normalmente los estantes son para palés.
- Presenta el ancho estandarizado a palés, ya sea europalés o palés americanos.
- Los estantes pueden ser de medidas variables en altura, aunque unificados en cada línea de estanterías.
- Las estanterías pueden utilizarse para almacenes monoreferencia o multireferencia.
- Cada canal normalmente es monoreferencia.
- Aplica la sistemática FI-FO.
- Es necesario identificar correctamente el producto y la ubicación.
- El sistema de almacenaje puede ser caótico u ordenado.
- Requiere poco mantenimiento, centrado en infraestructuras y estanterías.

12. Almacén con estanterías en voladizo

- Se emplea para mercancía de largas dimensiones, tubos, vigas, etc.
- Dispone de espacio elevado por la configuración de la mercancía.
- Puede ser al aire libre, aunque no es habitual.
- Los espacios de pasillos han de estar adaptados a la maquinaria utilizada.
- Utiliza estanterías fijas.
- Los estantes pueden ser de medidas variables en altura, aunque unificados en cada línea de estanterías.
- Las estanterías pueden usarse en almacenes monoreferencia o multireferencia.
- Aplica la sistemática FI-FO.
- Es necesario identificar correctamente el producto y la ubicación.
- El sistema de almacenaje puede ser caótico u ordenado.
- Requiere mantenimiento, centrado en infraestructuras y estanterías.
- La maquinaria ha sido diseñada para la tipología del producto que se deba manejar.

13. Almacén con carrusel vertical o paternóster

- Es adaptable a las necesidades y características de los productos (tamaño, temperatura, seguridad, etc.).
- Maximiza el espacio.
- Aprovecha la altura.
- Se utiliza normalmente para productos de pequeño o mediano volumen.
- El peso por bandeja está limitado.
- Los estantes pueden ser de medidas variables dentro de cada bandeja.
- Cada bandeja puede ser monoreferencia o multireferencia.
- Normalmente es un almacén multireferencia.
- Aplica las sistemáticas FI-FO y LI-FO.
- Es necesario identificar correctamente el producto y la ubicación.
- Normalmente el sistema de almacenaje es caótico.
- Requiere mantenimiento.
- Necesita sistema de gestión del almacén (SGA) y sistema de gestión corporativa (ERP) completo.
- La entrada y la salida se realizan por el mismo lugar.
- Las tareas están separadas; no se pueden realizar entradas si se están realizando salidas.
- Existe un mayor control de la gestión.

14. Almacén con carrusel horizontal

- Es adaptable a las necesidades y características de los productos.
- Se aprovecha especialmente en superficie, con poca altura.
- Normalmente se almacenan productos de pequeño o mediano volumen.
- Los estantes pueden ser de medidas variables, dentro de cada bandeja.
- El peso por bandeja está limitado.
- En cada bandeja puede haber existencias monoreferencia o multireferencia.
- Normalmente es almacén multireferencia.
- Aplica las sistemáticas FI-FO y LI-FO.
- Es necesario identificar correctamente el producto y la ubicación.
- Normalmente el sistema de almacenaje es caótico.
- Requiere mantenimiento.
- Necesita sistema de gestión del almacén (SGA) y sistema de gestión corporativa (ERP) completo.
- La entrada y la salida se efectúan por el mismo lugar.
- Las tareas están separadas; no se pueden realizar entradas si se están realizando salidas.

15. Almacén *mini load*

- Maximiza el espacio.
- La sistemática es la misma que en los almacenes automáticos, pero en vez de palés, se almacenan cajas.
- Está destinado a mercancías de pequeñas dimensiones.
- Los estantes pueden ser de medidas variables en altura, aunque unificados en cada línea de estanterías.
- Normalmente es multireferencia.
- Aplica las sistemáticas FI-FO y FE-FO.
- Es necesaria una correcta identificación del producto y de la ubicación.
- Normalmente el sistema de almacenaje es caótico.
- Los movimientos se efectúan a gran velocidad.
- Requiere mantenimiento.
- Necesita sistema de gestión del almacén (SGA) y sistema de gestión corporativa (ERP) completo.
- La entrada y la salida se efectúan por el mismo lugar.
- Las tareas están separadas; no se pueden realizar entradas si se están realizando salidas.
- Permite un mayor control de la gestión.

16. Almacén autoportante

- Maximiza el espacio.
- La sistemática es la misma que en los almacenes automáticos.
- Normalmente se utiliza para palés completos.
- Los estantes pueden ser de medidas variables en altura, aunque unificados en cada línea de estanterías.

- Normalmente es multireferencia.
- Aplica las sistemáticas FI-FO y FE-FO.
- Es necesaria una correcta identificación del producto y de la ubicación.
- Normalmente el sistema de almacenaje es caótico.
- Los movimientos se efectúan a gran velocidad.
- Requiere mantenimiento elevado debido a su gran automatización.
- Necesita sistema de gestión del almacén (SGA) y sistema de gestión corporativa (ERP) completo.
- La entrada y la salida se efectúan por el mismo lugar.
- Se emplean pocos recursos humanos en su operativa.
- Permite un mayor control de la gestión.

17. Almacén 4.0

El almacén 4.0 surge de la necesidad de abastecer a la industria digitalizada, interconectando el almacén con otros procesos de un sistema productivo.

En un almacén convencional los procesos que se llevan a cabo, empleando un sistema de planificación de recursos de fabricación o MRP *(manufacturing resourses planning)*, pueden representarse mediante el siguiente esquema:

Un almacén 4.0 tiene digitalizadas las existencias, monitoriza continuamente el consumo real, y es capaz de adaptar diferentes parámetros como el punto de pedido (el *stock* a partir del cual el sistema lanzará un pedido) y la cantidad de pedido. Así, existen sistemas que simplifican el flujo de los materiales y su gestión, eliminando la parte donde la empresa compradora genera el pedido de materia prima a la proveedora:

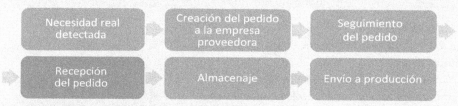

En este nuevo flujo, la necesidad real puede ser detectada mediante diferentes sistemas, como los sensores de peso, los cuales convierten el peso en unidades. Este sensor está interconectado con el sistema de gestión corporativa o ERP *(enterprise resource planning)* de la empresa proveedora, para que dicha necesidad se transfiera a su sistema como un pedido. Además, el propio sistema puede notificar si hay retrasos en la entrega, por lo que el seguimiento también se automatiza.

Los sistemas 4.0 de gestión de existencias permiten informar en tiempo real de las fechas de entrega de material estimadas, y alertar si llega la fecha prevista y no detecta un incremento en las unidades almacenadas.

Sistema de pesaje SmartBin fabricado por Bossard.

La recepción de productos es un proceso que también se puede automatizar mediante un acuerdo con la empresa proveedora para que incluya en los envíos etiquetas RFID, que sean reconocidas en el almacén de destino, con toda la información pertinente (proveedor, referencias, unidades enviadas, número de pedido, etc.).

Otras operaciones susceptibles de automatizar son los movimientos internos en el almacén, mediante equipos AGV integrados con el sistema de producción. Así, se pueden desplazar los materiales recepcionados hasta la ubicación predefinida o, a través de almacenes intermedios, enviarlos a las estaciones de trabajo de una línea de producción.

Vehículo de guiado automático realizando desplazamientos en una línea de producción automatizada.

Esta parte final del proceso de gestión de materiales se conoce como gestión de la última milla o por las siglas LMM *(last mile management)*.

En un sistema automatizado, el material necesario para una línea de producción se distribuye mediante vehículos de guiado automático por las diferentes estaciones y las personas que operan en la línea van tomando los materiales según la información del dispositivo.

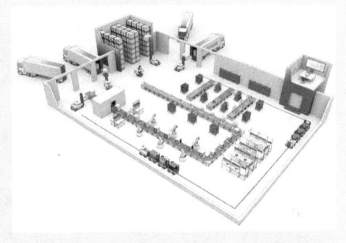

Esquema del funcionamiento de un sistema de gestión LMM.

(Fuente: Bossard, fabricante del sistema SmartBin. Texto: Ramón Martínez.)

Capítulo 13
Elementos de manutención

Para realizar las tareas de manutención en el almacenaje se pueden utilizar desde sistemas totalmente manuales hasta los más automatizados, y se requieren, en mayor o menor medida, recursos humanos y materiales.

En los sistemas totalmente manuales y de acuerdo con las normativas de riesgos laborales, un hombre no debe trasladar una carga de más de 25 kg en un recorrido máximo de 30 m, mientras que una mujer no debe trasladar más de 15 kg. Esta

Figura 13.1. Operación de manutención con una carretilla frontal contrapesada.

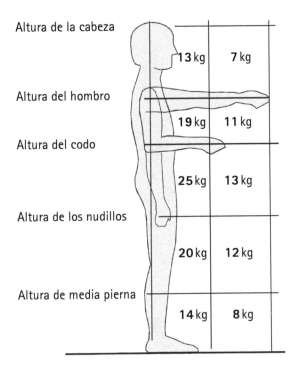

Figura 13.2. Gráfico elaborado a partir de los datos extraídos de la Guía técnica para la evaluación y prevención de los riesgos relativos a la manipulación manual de cargas 2009.

limitación física solo puede superarse con la ayuda de elementos de manutención, que permiten aumentar la capacidad de carga y la distancia a la que puede trasladarse una mercancía.

Los diferentes elementos de manutención se detallan en las fichas 17 a 33.

Algunos de estos elementos de manutención del almacén pueden ser automatizados, como los vehículos guiados automáticamente *(automatic guided vehicle* o AGV), que son los vehículos capaces de ejecutar ciertas funciones sin necesidad de una persona, estos se detallan en las fichas 30 a 33.

17. Transpaleta manual

- Realiza movimientos horizontales con esfuerzo.
- Se emplea distancias cortas, sin pendiente.
- Soporta cargas ligeras, como máximo de 2.000 kg.
- Se utiliza operaciones esporádicas.
- Su velocidad depende del operario a pie que la maneja.
- En algunos casos puede incorporar diferentes sistemas, como una báscula o incluso elevación a cierta altura.

18. Transpaleta eléctrica con conductor acompañante

- Realiza movimientos horizontales sin esfuerzo.
- Se emplea para distancias cortas, aproximadamente de 20 m.
- Puede salvar pendientes de hasta un 20 %.
- Soporta cargas ligeras, como máximo de 2.000 kg.
- Se utiliza para operaciones esporádicas.
- Alcanza una velocidad máxima de entre 4 y 6 km/h.
- Se usa normalmente para la carga y la descarga.

19. Transpaleta eléctrica con plataforma

- Realiza movimientos horizontales sin esfuerzo.
- Se emplea para distancias de unos 50 m.
- Puede salvar pendientes de hasta un 20 %.
- Se utiliza para cargas ligeras, como máximo de 2.000 kg.
- Se emplea para operaciones esporádicas.
- Alcanza una velocidad máxima de entre 4 y 9 km/h.
- Se usa normalmente para la carga y la descarga.

20. Transpaleta eléctrica con conductor sentado

- Realiza movimientos horizontales sin esfuerzo.
- Se emplea para distancias superiores a 50 m.
- Puede salvar pendientes de hasta un 15 %.
- Se utiliza para cargas ligeras, como máximo de 2.000 kg.
- Se emplea para operaciones esporádicas.
- Alcanza una velocidad máxima de entre 8 y 11 km/h.
- Se usa normalmente para la carga y la descarga.

21. Apilador con conductor acompañante

- Realiza movimientos verticales y horizontales.
- Necesita pasillos de 2,5 m de anchura mínima.
- Puede levantar cargas hasta 4,5 m de altura.
- Soporta cargas ligeras, como máximo de 1.600 kg.
- Se utiliza para operaciones esporádicas y de corto recorrido.
- Alcanza una velocidad máxima de entre 5 y 6 km/h.
- Se usa normalmente para la ubicación, la desubicación y el apilado en el almacén.

22. Apilador con plataforma y conductor acompañante

- Realiza movimientos verticales y horizontales.
- Necesita pasillos de 2,5 m de anchura mínima.
- Puede levantar cargas hasta 4,5 m de altura.
- Soporta cargas ligeras, como máximo de 1.600 kg.
- Se utiliza para operaciones esporádicas y de medio recorrido.
- Alcanza una velocidad máxima de entre 5 y 8 km/h.
- Se usa normalmente para la ubicación, la desubicación y el apilado en el almacén.

23. Apilador con conductor sentado

- Realiza movimientos verticales y horizontales.
- Necesita pasillos de entre 2,2 y 2,3 m de anchura mínima.
- Puede levantar cargas hasta 6,5 m de altura.
- Soporta cargas ligeras, como máximo de 2.000 kg.
- Se utiliza para operaciones esporádicas, de medio o largo recorrido.
- Alcanza una velocidad máxima de entre 7 y 8 km/hora.
- Se usa normalmente para la ubicación, desubicación y apilado en el almacén.

24. Carretilla retráctil

- Realiza movimientos verticales y horizontales.
- Necesita pasillos de entre 2,6 y 2,9 m de anchura mínima.
- Puede levantar cargas hasta 10 m de altura, pero en condiciones especiales llega a los 12 m.
- Soporta cargas máximas de 2.500 kg.
- Se utiliza para operaciones intensivas, de medio y de largo recorrido.
- Puede alcanzar una velocidad máxima de 10 km/h.
- Se usa normalmente para la ubicación, la desubicación y el apilado en el almacén.
- Se acciona con energía eléctrica y requiere de un espacio para la carga de las baterías.

25. Carretilla contrapesada

- Realiza movimientos verticales y horizontales.
- Necesita pasillos de entre 3,2 y 3,5 m de anchura mínima, dependiendo de la máquina y de su capacidad de giro.
- Puede levantar cargas hasta 7 m de altura.
- Soporta cargas ligeras, medias y pesadas, dependiendo de los modelos, de entre 2.500 y 5.000 kg. Las carretillas portacontenedores pueden llegar a las 40 t.
- Se utiliza para operaciones de medio y largo recorrido.
- Alcanza una velocidad máxima de entre 10 y 20 km/h, dependiendo de sus características.
- Tiene múltiples usos en el almacén: carga y descarga, ubicación, desubicación, transporte de recorridos cortos, etc.
- Puede estar accionada por energía eléctrica o por combustible (gas o gasoil).
- En los almacenes cubiertos o cerrados solo se pueden emplear carretillas eléctricas.

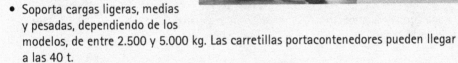

- Dispone de una gran variedad de accesorios, para adaptarla a las necesidades concretas de cada empresa: pinzas, espolones, cabezales giratorios, carrozadas para las inclemencias del tiempo y para el trabajo en almacenes con temperatura negativa, etc.

26. Carretilla bilateral

- Realiza movimientos verticales y horizontales.
- Permite la recogida y entrega de palés por los laterales de la máquina.
- Necesita pasillos de entre 1,5 y 1,6 m de anchura mínima.
- Puede levantar cargas hasta 14 m de altura.
- Soporta cargas ligeras, como máximo de 1.500 kg.
- Se utiliza para operaciones intensivas y de medio recorrido.
- Alcanza una velocidad máxima de 10 km/h.
- Se acciona con energía eléctrica y requiere de un espacio para la carga de las baterías.

27. Carretilla trilateral

- Realiza movimientos verticales y horizontales.
- Permite la recogida y entrega de palés por los laterales y por la parte frontal de la máquina.
- Necesita pasillos de entre 1,7 y 1,9 m de anchura mínima.
- Puede levantar cargas hasta 16 m de altura, pero en condiciones especiales llega a 24 m.
- Soporta cargas ligeras, como máximo de 1.200 kg.
- Se utiliza para operaciones intensivas y de medio o largo recorrido.
- Alcanza una velocidad máxima de 10 km/h.
- Se usa normalmente para la ubicación, la desubicación y el apilado en el almacén.
- Se acciona con energía eléctrica y requiere de un espacio para la carga de las baterías.

Carretilla trilateral persona arriba.

Carretilla trilateral persona abajo (izquierda) y arriba (derecha).

28. Transelevador

- Es automático, no requiere conductor.
- Realiza movimientos verticales y horizontales, guiado por carril o carriles.
- Necesita pasillos de entre 1,4 y 1,65 m de anchura mínima para cargar palés. En el caso de las cajas, la anchura requerida puede ser menor, dependiendo del tipo de mercancía que se almacene.
- Puede levantar cargas hasta 45 m de altura.
- Soporta cargas máximas de 1.000 kg con monocolumna y de más de 1.000 kg con bicolumna.
- Se utiliza para operaciones de elevada intensidad.
- Dependiendo del fabricante, alcanza una velocidad máxima horizontal de 150 m/min a 300 m/min; y vertical de 50 m/min a 100 m/min.
- Se emplea para ubicar y desubicar productos en el almacén.

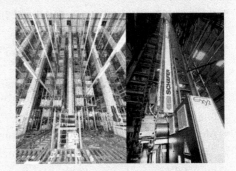

Transelevadores de cajas.

29. Transporte por rodillos o cintas

- Es automático y completamente autónomo.
- Realiza movimientos horizontales por gravedad o por accionamiento eléctrico.
- Se adapta a las necesidades de ancho y largo de las instalaciones.
- Se emplea para el transporte de palés o cajas.

30. Máquinas con sistema filoguiado

- Utilizan como guía un cable instalado bajo el pavimento del almacén.
- Es un sistema sencillo, preciso y barato, pero de elevado costo en su implantación.
- El sistema resulta poco flexible para crear o modificar caminos y requiere una planificación de futuro al montarlo.
- Alcanzan una velocidad baja en los desplazamientos.
- Son vehículos automáticos y completamente autónomos.
- Realizan movimientos de desplazamiento horizontal y vertical.
- Funcionan mediante sistema eléctrico de baterías.

31. Máquinas ferroguiadas

- Son máquinas guiadas mediante raíles instalados en el pavimento.
- Necesitan un pavimento muy plano, ya que cualquier diferencia por mínima que sea en este se verá acrecentada al subir de nivel.
- Un ejemplo son los transelevadores
- Pueden ser de uno o dos raíles.
- Son vehículos automáticos y completamente autónomos.
- Realizan movimientos de desplazamiento horizontal y vertical.
- Funcionan mediante sistema eléctrico sin baterías.

32: Máquinas de guiado magnético

- Son máquinas guiadas mediante imanes distanciados entre sí y enterrados en el pavimento del almacén, que determinan el trazado de los vehículos.
- Es un sistema sencillo, barato y con una precisión regular, pero de costo elevado en su implantación.
- El sistema resulta poco flexible para crear o modificar caminos, y requiere una planificación de futuro al montarlo.
- Los desplazamientos de los vehículos entre dos imanes consecutivos se realizan a ciegas.
- Se puede mejorar la precisión de los desplazamientos utilizando un giroscopio.
- Son vehículos automáticos y completamente autónomos.
- Realizan movimientos de desplazamiento horizontal y vertical.
- Funcionan mediante sistema eléctrico de baterías.

33: Máquinas guiadas por láser

- Son vehículos que utilizan barridos de la unidad láser a los reflectores catadióptricos para situarse en un mapa que tienen guardado en la memoria.
- Tienen un costo elevado y muy buena precisión, ya que calculan su posición unas ocho veces por segundo.
- El sistema resulta muy flexible para crear o modificar caminos ya que se realiza mediante *software*.
- Pueden alcanzar una velocidad alta en los desplazamientos.
- Son automáticos y completamente autónomos.
- Realizan movimientos de desplazamiento horizontal y vertical.
- Funcionan mediante sistema eléctrico de baterías.

Conceptos clave: elementos de manutención

Elementos de manutención

- Personas
- Transpaleta
  - Manual
    - Con conductor acompañante
  - Eléctricos
    - Con conductor sentado
    - Con plataforma
- Apilador
- Carretilla
  - Retractil
  - Bilaterial
  - Trilateral
  - Contrapesada
    - Eléctricos
    - Gas
    - Gasoil
- AGV
  - Filo-guiado (RGV)
  - Ferroguiado
  - Guiado magnético
  - Guiado por Laser (LGV)
- Transelevador
- Transporte por
  - Rodillos
    - Eléctricos
    - Gravedad
  - Cintas

Capítulo 14
Flujos internos del almacén

Son aquellos procesos que engloban diferentes operaciones, movimientos o manutenciones que se realizan desde que la mercancía entra en el almacén hasta su salida del mismo, sea cual sea su destino (producción, montaje, preparación de pedidos, expediciones o venta).

Los flujos internos se refieren tanto a las personas implicadas como a las mercancías, la información y la documentación que conllevan. Son la consecuencia de la ubicación y la desubicación de la mercancía, y la ordenación del propio almacén. Se ha de tener en cuenta que dentro de una misma empresa puede haber diferentes almacenes con sus correspondientes flujos diferenciados.

1 Ubicación de las mercancías

La función de este flujo es colocar la mercancía en el lugar correspondiente del almacén, siguiendo las instrucciones facilitadas por la persona responsable o el programa gestor. Los materiales o productos pueden provenir de diferentes procesos: de compras o aprovisionamiento, de la logística inversa, del área de producción o de las operaciones de otros departamentos. Dependiendo de la procedencia de los productos, llegarán en unas condiciones determinadas y su manutención será diferente en cada caso.

- **Compras o aprovisionamiento**
  Las mercancías llegan al almacén para su ubicación desde la entrada o recepción. Pueden ser materias primas, productos semielaborados para la

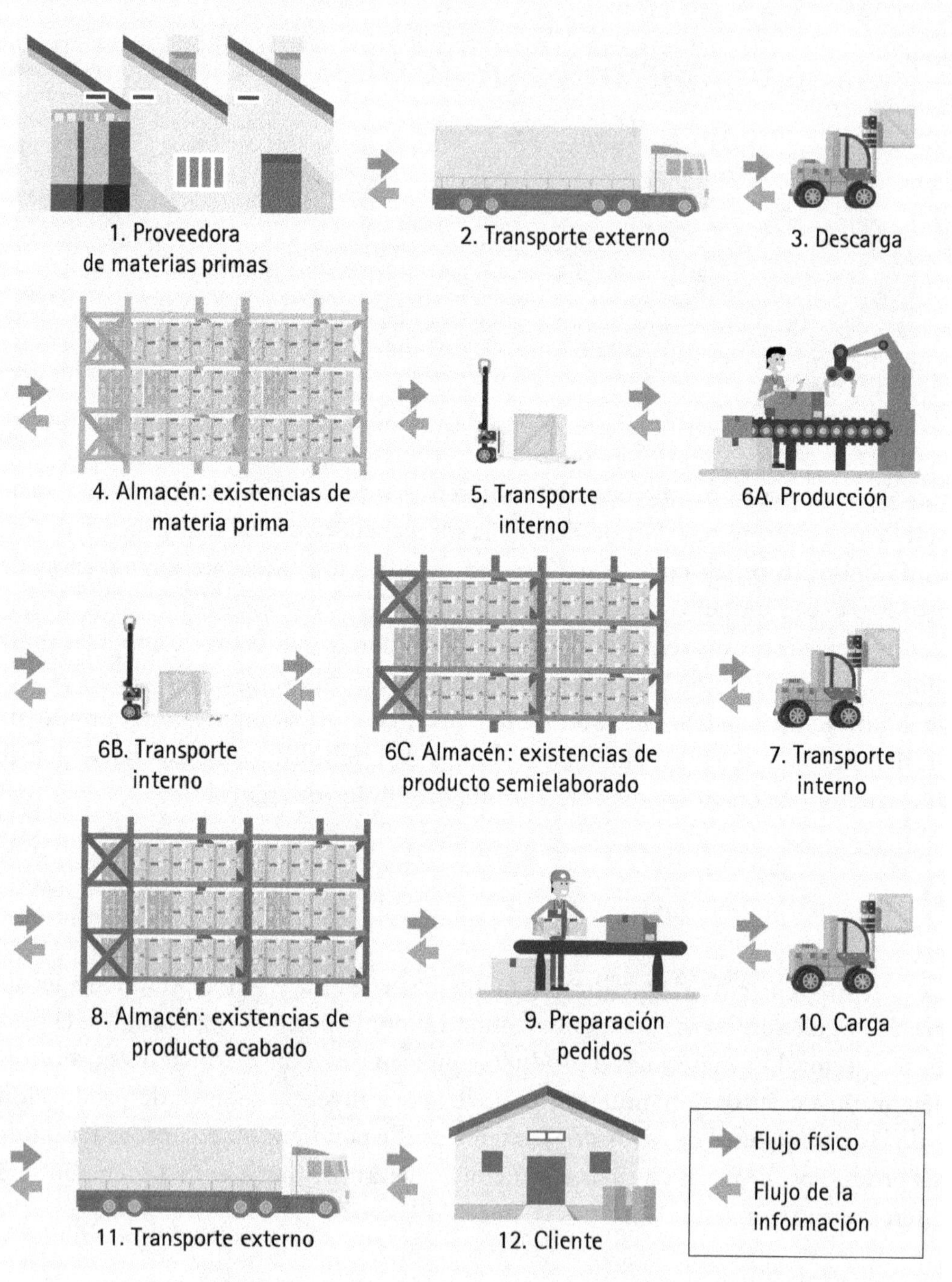

1. Proveedora de materias primas
2. Transporte externo
3. Descarga
4. Almacén: existencias de materia prima
5. Transporte interno
6A. Producción
6B. Transporte interno
6C. Almacén: existencias de producto semielaborado
7. Transporte interno
8. Almacén: existencias de producto acabado
9. Preparación pedidos
10. Carga
11. Transporte externo
12. Cliente

➡ Flujo físico
⬅ Flujo de la información

Figura 14.1. **Flujos de las mercancías en una empresa de producción, desde la empresa proveedora de materias primas hasta el almacén del cliente.**

Flujos internos del almacén 107

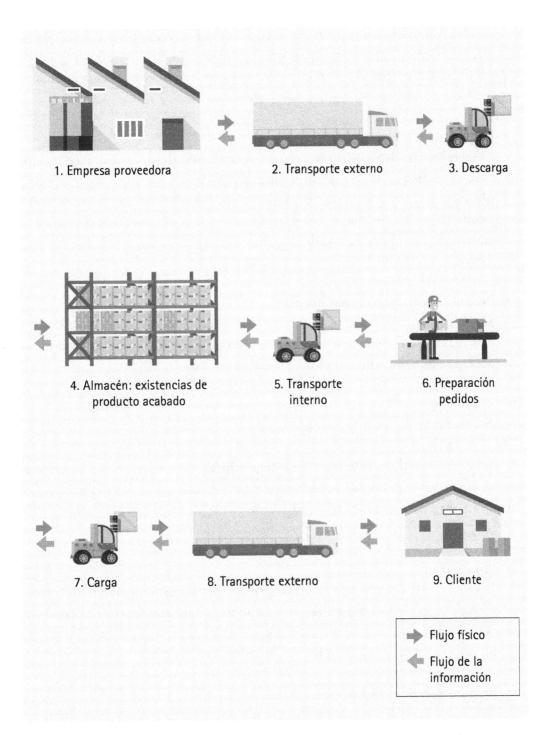

Figura 14.2. Flujos de las mercancías en una empresa comercial, desde la proveedora de productos acabados hasta el almacén del cliente.

producción o el montaje, materiales consumibles o auxiliares para los diferentes departamentos de la empresa, o producto final o acabado para la preparación de pedidos, acompañados de la documentación generada y recibida.

- **Logística inversa**

    Las mercancías llegan al almacén para su ubicación desde la entrada o recepción en el caso externo o desde alguno de los departamentos de la empresa, por ejemplo, producción o administración. Pueden tratarse de devoluciones de clientes o de materiales relacionados con la recuperación de envases, embalajes y residuos, con la documentación generada o recibida correspondiente.

- **Producción y operaciones propias**

    Se recibe el producto semielaborado o acabado desde otras áreas de la empresa. También pueden llegar material sobrante de operaciones o productos defectuosos, con la documentación que corresponda.

2   Desubicación de las mercancías

La función de este flujo es extraer una determinada mercancía de su ubicación en el almacén, siguiendo las instrucciones de la persona o del sistema gestor. La demanda para ejecutar esta actividad puede llegar desde diferentes áreas de la empresa y requerir un tratamiento específico:

- **Producción**

    Los pedidos pueden ser de materias primas, productos semielaborados, materiales consumibles o auxiliares, recambios y documentación del archivo, entre otros. Los materiales suelen requerirse para realizar tareas del plan de producción y sus correspondientes órdenes de trabajo.

- **Preparación de pedidos**

    Los pedidos suelen ser de productos acabados, materiales auxiliares para la preparación de los mismos y recambios, con documentación necesaria para realizar las órdenes de trabajo.

- **Compras y aprovisionamiento o calidad**
  Habitualmente, son pedidos de devolución a la empresa proveedora del producto, por retorno de envases y embalajes o gestión de residuos, con la documentación archivada que pudiera requerir. La naturaleza de estos pedidos depende de la gestión de la logística inversa que se haya negociado con la empresa proveedora.

- **Otros departamentos y secciones de la empresa**
  Estas secciones suelen pedir materiales consumibles y auxiliares, recambios y documentación archivada. Asimismo, pueden solicitar la salida de los residuos generados y recibidos para una correcta gestión medioambiental. En esta categoría también se contempla la zona de expedición.

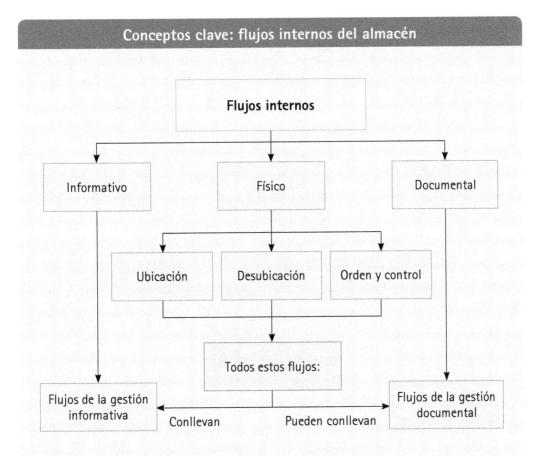

3 Ordenación del almacén

Este flujo comprende las operaciones de desubicación, manutención y nueva ubicación de las mercancías, que se llevan a cabo para reordenar el almacén siguiendo las instrucciones facilitadas por el sistema gestor o la persona responsable. Para realizarlas, es necesario emplear correctamente los recursos humanos y materiales, que serán diferentes de acuerdo con la tipología del almacén.

Normalmente las operaciones para reordenar el almacén se realizan cuando hay menos carga de trabajo, momentos valle, para facilitar la gestión de los periodos de máxima actividad, los momentos pico.

Capítulo 15
Gestión y preparación de pedidos

1 Procedimientos de preparación de pedidos

La preparación de pedidos abarca los procesos de selección, recogida, combinación, agrupación o consolidación y transporte de las mercancías que conforman el pedido de un cliente, en la cantidad y la forma indicadas. Afecta de una manera directa la productividad de la cadena logística y en muchas ocasiones se convierte en un cuello de botella en la cadena de suministros.

La preparación de pedidos normalmente conlleva la utilización intensiva de mano de obra, aunque esta se ve progresivamente reducida por la mecanización,

Figura 15.1. En la gestión de la preparación de pedidos se han de tener en cuenta los movimientos de las personas y de las mercancías.

la estandarización y la automatización de una parte importante de estos procesos, que aumentan la productividad y reducen los costos y los tiempos.

Se calcula que el peso de la preparación de pedidos supone entre el 40 y el 60 % de los costos del almacén, de ahí la importancia de gestionar y controlar de forma eficiente la operativa de la preparación de pedidos.

En la preparación de pedidos se ha de gestionar los movimientos de las personas implicadas y las mercancías, los recursos materiales y las operaciones necesarias para cumplir las necesidades del cliente.

- **Movimientos de las personas**
  - Sin carga: desplazamientos en busca del producto o del material de embalaje, o retornos tras haber ubicado el producto sobrante o el material de embalaje sobrante.
  - Con carga: desplazamientos con la cantidad de producto pedida, del producto sobrante a reubicar, del material de embalaje o del material de embalaje sobrante a reubicar.

Figura 15.2. Carretilla recogepedidos con prestaciones automatizadas para optimizar la productividad y ofrecer seguridad en las operaciones de extracción de productos de las estanterías.

- **Movimientos de la mercancía**
  - Desubicación de la mercancía.
  - Transporte hasta el lugar de manipulación o embalaje.
  - Transporte hasta la expedición.
  - Transporte del producto no utilizado.
  - Ubicación del producto no utilizado.

- **Movimientos del material auxiliar**
  Son necesarios para el embalaje y acondicionamiento de la mercancía y del pedido, para su transporte y entrega. Conllevan:

  - La desubicación.
  - El transporte hasta el lugar de manipulación o embalaje.
  - El transporte de retorno del material de embalaje no utilizado.
  - La ubicación del embalaje no utilizado.

- **Sistemas de movimientos**
  - Sin sistemas mecánicos, realizados por las personas sin utilizar ningún medio mecánico.
  - Con sistemas mecánicos, en los que se utilizan maquinas con gestión directa de las personas, por ejemplo, carretillas elevadoras, carretillas contrapesadas, transpaletas, etc.
  - Automáticos, mediante máquinas que funcionan sin gestión directa de las personas, por ejemplo, estanterías dinámicas, paternóster, cintas de rodillos, almacenes automáticos, transelevadores, etc.

Las técnicas o modos operativos que se utilizan en la preparación de pedidos están condicionados por la tipología del almacén, las características del producto, el número de referencias y de pedidos, así como por la normativa legal que exista:

- **Tipología del almacén:** diseño *(layout)* y segmentación del almacén así como de la zona de preparación de pedidos, los recorridos, los desplazamientos a realizar, la manutención (que puede realizarse mediante transporte manual, horizontal, vertical, mixto, integrado), el tipo de estanterías utilizadas, los almacenamientos especiales y los tiempos consumidos.

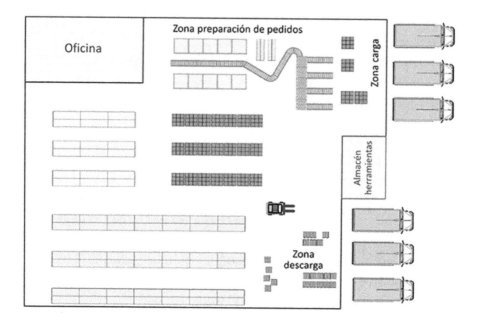

Figura 15.3. **Diseño esquemático de las zonas y elementos de un almacén.**

- **Características del producto:** naturaleza de la mercancía, trazabilidad y caducidad (alimentación, fresco, seco, congelado, frágil, pequeño menaje, etc.), dimensiones (voluminoso, pesado, pequeño, mediano), tipo de lote (palé, caja, paquete, bolsa, unidad, embalaje). Cuanto menor sea el lote mínimo mayor complejidad.

- **Cantidad de referencias:** número de referencias almacenadas tanto operativas como inoperativas u obsoletas. A mayor número, mayor complejidad y posibilidad de errores.

- **Tipología del pedido:** cantidad de pedidos a preparar y a servir (a mayor número, más complejidad), número de líneas (a más líneas por pedido aumenta la dificultad), cantidades mínimas (ligado al tipo de lote), peso del pedido, destino, lugar de entrega, tipología del cliente y sistema de embalaje.

- **Normativa legal:** sobre la manipulación, las medidas sanitarias, las personas, el medioambiente, la seguridad, la prevención de riesgos y la preparación de pedidos en el almacén.

- **Normativas de la empresa:** prioridades, tipo de servicio, clientes o segmentos de especial atención, rutas especiales, estacionalidad, horarios de descarga de la zona, etc.

La distribución de tiempos en la preparación de pedidos, a nivel general, se puede repartir entre las diferentes tareas de tal como muestra la figura 15.4.

Los porcentajes indicados en esta figura son orientativos y pueden oscilar según la empresa, pero son un referente para controlar y detectar posibles problemas en las operaciones en el almacén. Los tiempos operativos de la preparación de pedidos están formados por cuatro grandes grupos que a la vez se dividen en diferentes tareas:

- **Tiempos de la preparación de pedidos:** incluyen la preparación de la documentación, las órdenes de trabajo y los listados de la fase previa a la extracción de mercancías (pre-*picking*) y de la preparación de pedidos.

- **Tiempos de los recorridos:** comprenden los recorridos de las personas, ya sea con mercancía o sin ella; en los sistemas automáticos, son los tiempos que se necesitan para que la mercancía vaya de un sitio a otro.

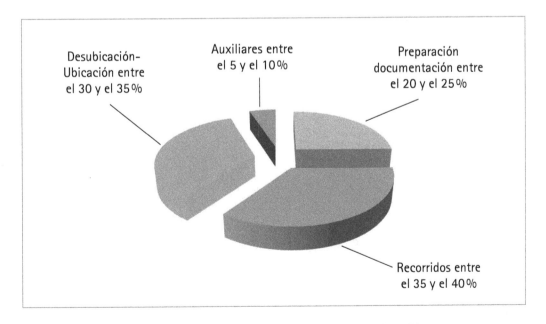

Figura 15.4. Distribución de tiempos en la preparación de pedidos.

Conceptos clave: procedimientos de preparación de pedidos

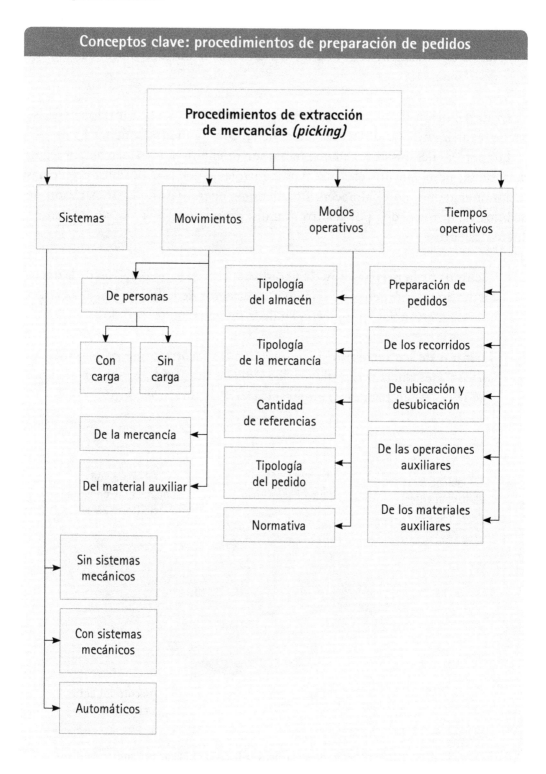

- **Tiempos de la ubicación y desubicación:** incluyen la ubicación y la desubicación de las mercancías necesarias para la preparación de pedidos dentro del almacén, su posicionamiento en la zona de preparación de pedidos y la retirada y posterior reubicación de la mercancía sobrante en el almacén.

- **Tiempos de las operaciones auxiliares:** comprenden la lectura de documentos, anotaciones, conteos y todas aquellas operaciones administrativas necesarias para la preparación de los pedidos.

- **Tiempos para los materiales auxiliares:** incluyen la preparación de todo el material auxiliar necesario para la realización de la preparación de pedidos.

La zona de preparación de pedidos tendrá que ser la adecuada para la tipología de la mercancía y estar zonificada para cumplir la reglamentación y normativa pertinentes, de la misma manera y con los mismos requisitos y cuidados que en los almacenes.

Capítulo 16

Acondicionamiento y preparación última del pedido

La preparación de pedidos engloba su recepción, la gestión para extraer las mercancías del almacén, la preparación propiamente dicha y el acondicionamiento para su envío, operaciones que lleva a cabo una persona o un equipo de personas dentro del almacén. En los almacenes con sistemáticas manuales y una baja inversión de capital estas actividades son las que requieren más personal. El extremo opuesto son los almacenes con sistemáticas totalmente automatizadas. A medida que se automatizan estas actividades se reduce la necesidad de recursos humanos, pero aumenta la inversión de capital. Como media, el 55 % de los costos operativos de un almacén se dedican a la preparación de pedidos.

1 Recepción de pedidos

La compra de los productos por parte de los clientes normalmente se realiza mediante el pedido, que puede llegar a la empresa de diferentes formas, dependiendo de la tipología del cliente.

- **Cliente externo**
    - Cliente final directo: utiliza o consume el producto, normalmente muy pocas unidades. La cantidad habitual de compra es la unidad del producto o servicio en sí.
    - Cliente del canal comercial (minorista): compra cantidades superiores al cliente final. La unidad que se utiliza habitualmente en las compras son las cajas.

Conceptos clave: proceso de preparación de pedidos

Recepción de pedidos

Procedimientos:
- Manual:
  - Teléfono convencional
  - Presencial
  - Correo electrónico
  - Teléfono inteligente
- EDI
- PDA
- Web
- Comercio electrónico
- App

- Olas de preparaciones
- Rutas de reparto
- Urgencias
- Importancia del cliente
- Antigüedad del pedido

Sistemática gestión de los pedidos

Extracción de mercancías (picking)

Pedidos individuales
Pedidos agrupados:
- Por olas
- Por zonas
- Por rutas
- Por operario
- Por tipo:
  - De manutención
  - De almacén
  - De producto.
- Por familia

Transporte

- Verificación
- Empaquetado
- Pesaje
- Volumetría
- Etiquetaje

Acondicionamiento

Transporte

Carga

- Cliente del canal mayorista: compra normalmente cantidades superiores al cliente del canal comercial. La unidad de compra que se utiliza en los pedidos son los medios palés o los palés enteros de un producto.
- Cliente del canal distribuidor: compra cantidades superiores al anterior, varios palés enteros de un mismo producto o referencia. En algunas organizaciones este cliente puede ser interno.

- **Cliente interno**
  - Cliente de montaje: demanda habitualmente cantidades exactas (sobre todo cuando trabaja con sistemas JIT *(just in time* o justo a tiempo), que utiliza para montar otros productos. Cuando se trata de materiales auxiliares, las cantidades son superiores para evitar paros en la cadena. En algunos casos este cliente puede ser externo, por ejemplo, en el sector de la automoción.
  - Cliente de producción: compra cantidades ajustadas para fabricar otros productos diferentes. Normalmente son pedidos de materia prima y materiales auxiliares.
  - Cliente de autoconsumo (interno): normalmente compra cantidades pequeñas que utilizará en el quehacer diario del funcionamiento de la empresa, por ejemplo, materiales de oficina o materiales auxiliares de producción o logística.

La preparación de pedidos está condicionada por la tipología de los productos o servicios que el cliente demanda, los diferentes productos que puedan conformar el pedido, las cantidades demandadas, la prioridad, la tipología del embalaje y el destino (cliente final, canal comercial o mayorista, o distribuidor; para montaje, producción o autoconsumo de la propia empresa).

La preparación de pedidos constituye un flujo dentro de la empresa que empieza cuando el cliente necesita el producto o servicio que aquella tiene o produce. A partir de esa necesidad, el cliente hace su pedido mediante los sistemas de comunicación prefijados, como pueden ser:

- **De manera presencial**
  El comercial de la empresa o la persona que recoge los pedidos se desplaza hasta el cliente o bien este se desplaza hasta la empresa. En este caso se necesitarán otras formas de comunicación para completar el trámite del pedido, ya sea la escrita, la telefónica o la vía informática y telemática.

- **Por escrito**
  Se utiliza un sistema de anotaciones o bloc de pedidos de la empresa, y opcionalmente el catálogo de productos. Esta forma de comunicación muchas veces alarga los tiempos, ya que el pedido no se transmite a la empresa en tiempo real, sino en el momento en que se envía a través del teléfono o por correo electrónico, o se entrega a la empresa en mano. Puede dar lugar a errores y malentendidos, y en muchos casos queda a expensas de la apreciación de las personas en las siguientes fases de la preparación de pedidos. Se puede realizar de dos formas diferentes:

  - El documento escrito por el cliente, el comercial, el repartidor o la persona que recoge pedidos, que se utiliza durante todo el proceso de preparación de pedidos.
  - Cuando el documento escrito llega a la empresa, en el formato que se transmita, se introduce en el sistema de gestión los pedidos.

  Es un sistema lento y puede generar errores en el resto de las operaciones, lo que puede obligar a repetir la preparación del pedido y su distribución, y da como resultado un servicio deficiente. Todo esto hace que los costos se eleven y que los clientes estén descontentos.

- **Por teléfono**
  Se utiliza el teléfono fijo o móvil para comunicar directamente con la empresa, a través de una persona del área comercial o de un centro de llamadas *(call center)*. El pedido no se transmite en tiempo real, pero es un sistema de comunicación más rápido que el escrito, ya que no hay que esperar a que el documento llegue a la empresa. No obstante, los problemas en el canal de comunicación (por ejemplo, en cobertura telefónica) pueden dar lugar a errores o malentendidos, que generen un incremento de los costos y un servicio deficiente.

- **Por vía informática**
  En la sociedad digital, los clientes pueden ser personas expertas en la utilización de recursos tecnológicos que permiten nuevas formas de captación y realización de los pedidos, incrementando la automatización de la gestión, una mayor agilidad del servicio y un acortamiento de los tiempos de entrega.

  El pedido puede transmitirse a través del correo electrónico, el programa interno de la empresa, la web o una aplicación informática destinada a facilitar el comercio electrónico, utilizando un teléfono inteligente *(smartphone)*, una tableta, un PDA *(personal digital assistant* o asistente digital personal), un ordenador portátil, o aplicaciones que incluyan el intercambio electrónico de datos *(electronic data interchange* o EDI) u otros sistemas.

Con transmisión inmediata, en tiempo real o de manera retardada, los errores del canal quedan minimizados al reducirse las posibles interpretaciones por parte de las personas participantes en la preparación de pedidos. Una de las ventajas de estos sistemas es que la información es la misma durante todo el proceso de preparación de pedidos. Necesitan apoyarse en programas como los sistemas de gestión corporativa *(enterprise resource planning* o ERP) o los sistemas de gestión del almacén o SGA *(warehouse management system* o WMS), así como en la conexión a internet y las redes inalámbricas. La utilización de sistemas integrados ERP y SGA facilita la tarea de las personas encargadas de recoger pedidos y la de los equipos comerciales, al disponer de la información real en el preciso instante que la necesitan. De esta manera pueden saber si hay disponibilidad de existencias de una mercancía determinada para poder ofrecer soluciones o productos alternativos al cliente. Estos sistemas implican un cambio de la gestión tradicional de la preparación de

Figura 16.1 **A medida que se automatizan las actividades del almacén se reduce la necesidad de recursos humanos para la preparación de pedidos.**

Acondicionamiento y preparación última del pedido

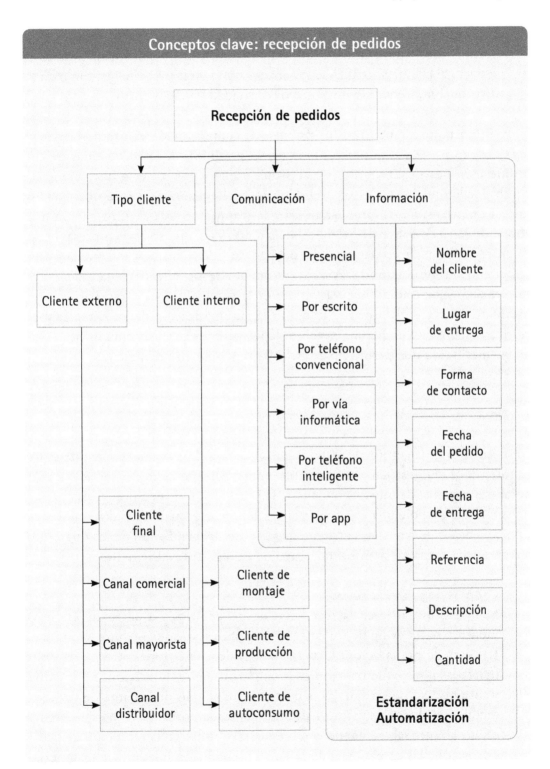

pedidos a una gestión por objetivos y de flujos. Con estos sistemas y una gestión adecuada, aumenta la productividad y mejora sustancialmente el servicio al cliente al reducirse los errores tanto en la preparación como en la distribución, lo que significa mayor capacidad y menor costo.

Es importante estandarizar los sistemas de comunicación y automatizarlos al máximo, con sistemas antierror, para evitar y minimizar los problemas de comunicación provocados tanto por el propio canal y por cortes o interferencias, como por la omisión, el error o el descuido del emisor o del receptor. Por los mismos motivos, ha de estar estandarizada y automatizada la información que el pedido haya de contener: nombre del cliente, ya sea persona o empresa, lugar de entrega, forma de contacto, fecha del pedido y de la entrega, referencia y descripción de los productos o servicios, cantidades de los mismos y cualquiera otra información que pudiera ser relevante por la tipología o las características del producto o servicio. La estandarización y la automatización de los sistemas y de la información facilitan la integración de los pedidos en el sistema informático de la empresa, lo que permite planificar y programar su preparación.

2 Sistemática de la gestión de pedidos

La sistemática de la gestión de pedidos que se deba aplicar dependerá de diferentes factores de la empresa, como: su política comercial (por ejemplo, servicio en 24 horas), el personal de que disponga para la preparación de pedidos, el sistema de transporte, el acondicionamiento y la carga, los recursos materiales disponibles, la tipología de las mercancías, el cliente y el pedido. Dependiendo de los diferentes factores de la empresa, se utilizará alguna de las siguientes sistemáticas:

- **Por olas de preparaciones**
  Se marca un corte en la recepción de los pedidos y a partir de ese momento y hasta el siguiente corte se preparan todos los pedidos recibidos. Las olas de preparaciones, ya sean una, dos, tres o más al día, vendrán marcadas por los factores indicados anteriormente. Los tiempos entre una y otra no han de ser iguales, sino que dependerán de la carga de pedidos recibidos y de los recursos disponibles en cada momento. En este sistema es importante saber cuándo son mayores los flujos en la recepción de pedidos, ya que las cargas de trabajo en su preparación pueden ser sustancial-

mente diferentes entre una y otra ola, por lo que será necesario planificar de forma correcta las necesidades de personas y recursos materiales en cada una de ellas.

- **Por rutas de reparto**
Este sistema, al igual que el anterior, es muy utilizado por las empresas. Se preparan los pedidos, en primer lugar, según la ruta de reparto asignada y, a continuación, en función de los factores de la empresa que se han apuntado anteriormente y también de las horas de salida de las diferentes rutas. Para gestionar correctamente los pedidos, se necesita información de las rutas: las horas de salidas y el orden de entrega para facilitar la tarea del reparto y reducir errores.

- **Por urgencias**
Esta sistemática es la más complicada de gestionar. Todas las partes, la empresa y los clientes, han de tener claro que se ha de utilizar solo para casos especiales y nunca de manera general. Es importante planificar muy bien el resto de las tareas, desde la recepción hasta la carga, normalmente con sistemas de apoyo informático, por ejemplo, programas de planificación,

Figura 16.2. Los recursos técnicos disponibles influirán también en la sistemática de gestión de pedidos elegida.

para visualizar de forma rápida y eficiente cómo encajar la urgencia y cómo repercutirá en el resto de los pedidos no urgentes, en las personas y en los recursos materiales a utilizar. Incluso puede disponerse de un vehículo con una persona capacitada para llevar a cabo el reparto de las urgencias.

- **Por la importancia del cliente**
Se utiliza el ABC de clientes, normalmente por facturación, para priorizar la preparación de pedidos según su orden. No es un sistema muy utilizado

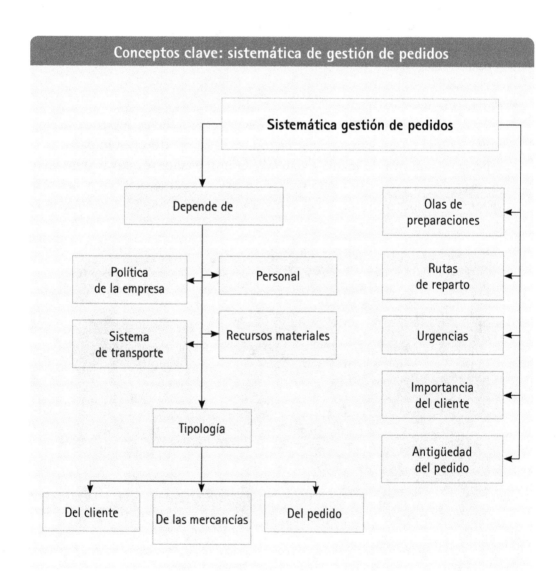

por la dificultad de ejecución que conlleva. En este caso el departamento comercial ha de facilitar la información de los clientes, como su facturación, en forma de ABC.

A partir de ella se ordenan los pedidos a preparar por orden del ABC, siendo el primero el de mayor importancia del listado.

- **Por antigüedad del pedido**
  Para poner en práctica esta sistemática, los pedidos han de estar marcados con la fecha de llegada y se ordenan de manera que el que corresponda a la fecha más lejana de llegada sea el primero a preparar.

Normalmente las empresas y las organizaciones utilizan un conjunto de sistemáticas. Por ejemplo, se puede aplicar una sistemática por olas de preparaciones, y trabajar dentro de cada ola por rutas de reparto, por la importancia del cliente o por la antigüedad del pedido, y cubrir las posibles urgencias. También es posible utilizar una sistemática de rutas de reparto y trabajar dentro de cada una de ellas por olas, por la importancia del cliente o por la antigüedad del pedido, y cubrir las posibles urgencias.

3 Preparación de pedidos

Se trata de colocar en una caja o un recipiente las mercancías indicadas en el pedido para su posterior envío al cliente. La preparación de pedidos incluye diferentes operaciones :

- **Desplazamientos**
  Se incluyen aquí los desplazamientos de las mercancías y de las personas que preparan los pedidos. Las mercancías se pueden desplazar de manera manual, automática o mediante una combinación de las dos. Los desplazamientos, sobre todo de las personas, son la operación que mayor tiempo consume. Una reducción de los tiempos aumenta sensiblemente la productividad.

- **Búsqueda de la ubicación y de la mercancía**
  Se trata de llegar hasta las ubicaciones de las mercancías que se han de preparar, ya sea de forma manual (persona a producto) o automática (producto a la persona). Esta operación es la segunda que consume más tiempo.

- **Selección de las mercancías**
  Se extraen las mercancías pedidas de la ubicación indicada y se colocan en cajas, cintas transportadoras, palés, etc. para preparar el envío. Esta tarea es la tercera que consume más tiempo por persona en todo el proceso.

- **Preparación**
  Una vez se han recogido y seleccionado las mercancías en las cantidades establecidas por el pedido, se preparan para su envío. Esta operación incluye el embalaje del pedido (en cajas, cubetas, bandejas, palés, sacos, palés rodantes o *rolls-tainers*, paquetes o contenedores), el enfardado, el etiquetaje, el pesaje y la volumetría.

- **Otras operaciones**
  Se preparan los albaranes y toda la documentación necesaria para su transporte hasta el cliente, y se hacen las comprobaciones finales. Hay que gestionar la documentación de los pedidos o mercancías especiales con protocolos específicos. Se han de realizar los preparativos para el correcto transporte tanto de los pedidos normales como de los de mercancías especiales.

Existen diferentes sistemáticas para realizar la preparación de pedidos:

- **Pedidos individuales**
  Se realiza la preparación pedido a pedido, de manera que no se empieza el segundo pedido hasta completar el primero, a no ser que se dé por finalizado o suspendido por no disponer de la mercancía o de la cantidad indicada. Este sistema generalmente utiliza la preparación de pedidos persona al producto.

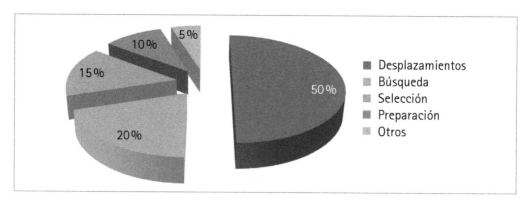

Figura 16.3. Distribución del tiempo de las personas en la preparación de pedidos.

Se puede emplear en almacenes pequeños, normalmente manuales, no en medianos y grandes, donde los tiempos de desplazamiento se alargan mucho.

- **Pedidos agrupados**

   Se realiza un grupaje, una unión de las líneas de los diferentes pedidos con las mismas referencias o mercancías, y a la vez por tipo de manutención, por almacén, por operario, por rutas o por zonas. En algunas empresas esta sistemática también se le llama pre-*picking*, ya que primero se agrupan las cantidades de cada referencia para después hacer una desagrupación por pedido. Se utiliza tanto en los sistemas de preparación de pedidos de persona al producto como de producto a persona, así como en todo tipo de almacén, ya sea grande, mediano o pequeño. Este sistema funciona perfectamente en almacenes automáticos, semiautomáticos y manuales. Los pedidos agrupados pueden prepararse de diferentes formas:

    - **Por olas:** se realizan diferentes cortes durante el día, normalmente preestablecidos, y se preparan los pedidos que hasta ese momento hayan entrado. Una de sus ventajas es la posibilidad de tener variabilidad en las olas dependiendo del día, la semana, el mes, el trimestre o el semestre, por ejemplo, siempre de manera planificada y teniendo en cuenta los antecedentes que se hayan producido. Es moldeable a las necesidades, pero siempre con planificación y con sistemas informáticos de apoyo.

    - **Por rutas:** se separan los pedidos por ruta de reparto asignada anteriormente, siguiendo las políticas marcadas por la empresa. Se tendrán presentes las horas de salidas del reparto para organizar la preparación de las diferentes rutas, que se ha de organizar teniendo en cuenta el orden de reparto y la forma de carga de los vehículos.

    - **Por zonas:** se divide de forma virtual, no física, el almacén o los almacenes por zonas; es lo que se denomina zonificación del almacén. Para ello, las personas implicadas en la preparación de pedidos deben trabajar también por zonas. Las líneas de los pedidos se dividirán siguiendo la zonificación de la ubicación de las mercancías. Esto puede exigir una tarea de agrupación de cada pedido, aunque en algunos casos pueda enviarse al cliente de forma separada. Normalmente se utilizan sistemáticas de persona al producto al zonificar los almacenes.

– **Por operario:** es una sistemática muy parecida a la de zonas. Por lo general, los pedidos se reparten, ya sea de manera manual o con sistemas informáticos automatizados, entre las personas que han de prepararlos. Ese reparto se puede realizar de diferentes formas, por ejemplo, teniendo en cuenta las capacidades, las habilidades, la experiencia y la productividad de las personas que han de realizar la tarea de preparación de pedidos. También se puede hacer de manera aleatoria.

– **Por tipo de manutención:** es decir, según la tipología de la maquinaria a utilizar en la preparación de pedidos.

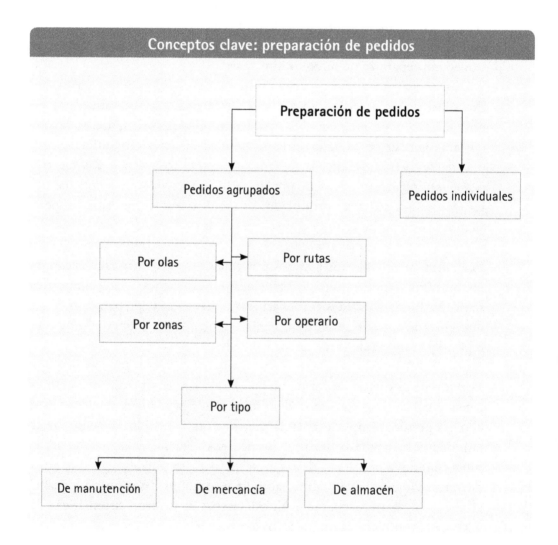

- **Por tipo de almacén:** la tipología del almacén habitualmente está ligada a la de la maquinaria, y normalmente tendrá necesidades diferentes de personas y recursos. Por ejemplo, una empresa de distribución de productos para ferretería tendrán diferentes sistemas de almacenaje y de preparación de pedidos, dependiendo del producto: maquinaria, electrodomésticos, menaje, tornillería, etc.

- **Por tipo de mercancía:** dependiendo del tipo de mercancía habrá diferentes tipologías de almacenaje y sistemática. Por ejemplo, las empresas distribuidoras de productos alimentarios para el canal horeca, donde las necesidades de los congelados son diferentes a los de los productos secos, en cuanto a los recursos humanos y materiales necesarios, e incluso de transporte hasta el cliente.

4 Transporte interno

En todo este proceso se necesita transportar las mercancías: desde el almacén hasta la zona de preparación de pedidos, desde esta a la zona de acondicionamiento, desde aquí hasta la playa de carga, y por último desde esta al vehículo. El transporte de la mercancía en la preparación de pedidos puede ser:

- **Totalmente manual**
  Las personas implicadas transportan el producto con sus manos. Según la normativa de riesgos laborales y seguridad, los expertos consideran aceptable manipular una masa máxima de 25 kg para los hombres y 15 kg para las mujeres, en un recorrido máximo de 30 m de distancia.

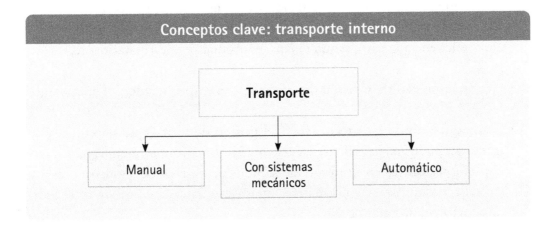

- **Mediante sistemas mecánicos**

  Las maquinas guiadas o conducidas por personas (transpaleta, carretilla elevadora, preparadora de pedidos, etc.) facilitan el transporte de la mercancía. Con estos sistemas la capacidad y el recorrido de transporte aumentan, de manera que se pueden adaptar a las necesidades de la empresa.

- **Automático**

  El transporte de la mercancía se realiza sin la intervención de personas. Con este sistema la capacidad y recorrido de transporte se adapta a las necesidades de la empresa, pero su costo puede ser elevado.

El tipo de transporte a utilizar dependerá de las características de la mercancía, la tipología del almacén, la cantidad de pedidos a preparar, la cantidad de líneas por pedido, la cantidad por línea y el costo de los medios que llevan a cabo el transporte, tanto humanos como de la maquinaria. Habitualmente, en las empresas conviven diferentes sistemas de transporte de mercancía.

5 Acondicionamiento

El acondicionamiento es una de las últimas operaciones de la preparación de pedidos y su función principal es preparar los productos para su transporte hasta el cliente. El acondicionamiento conlleva las siguientes tareas:

- **Verificación de lo preparado** respecto al pedido y su correspondiente albarán de salida: mercancías demandadas correctas, cantidades correctas, caducidades, fechas de consumo preferente, que cumplan las normativas y leyes aplicables en cada caso, según el país, el producto y destinatario, etc.

- **Verificación rápida y visual del embalaje,** el empaquetado y el etiquetado.

- **Empaquetado de las mercancías** del pedido de forma que se proteja y se garantice su llegada al cliente en las condiciones óptimas, ocupen el menor espacio posible, estén unidas e identificadas para facilitar la distribución y entrega, y cumplan las normativas aplicables en cada caso, según el país, producto y destinatario.

Figura 16.4. En las últimas fases de preparación, los productos se acondicionan para su transporte hasta el cliente empaquetándolos, verificando y etiquetando el embalaje, etc.

- **Pesaje de la mercancía y del empaquetado,** para facilitar el control de existencias, e informar de la tipología y costo del transporte; por ejemplo, si puede realizarse con una furgoneta o un camión pequeño, o se necesita uno de mayor tonelaje. En los casos de grupaje, el peso y la volumetría son importantes para conocer el costo.

- **Volumetría de la mercancía y del empaquetado,** para facilitar el control de existencias y el espacio, e informar de la tipología y el costo del transporte.

- **Etiquetaje del embalaje unitario de la mercancía** y del embalaje global del pedido. Normalmente, las normativas legales obligan a etiquetar los productos justo después de su fabricación y envasado unitario. En otros casos el etiquetaje se realiza a la entrada de la empresa para gestionar y controlar la mercancía de forma correcta durante los procesos siguientes. El etiquetaje unitario está regulado en cada país mediante normas que indican los datos mínimos que ha de contener la etiqueta. También facilita la gestión de la mercancía y de las operaciones subsiguientes dentro de la cadena logística, utilizando, por ejemplo, los códigos de barras como GTIN-13 para el unitario y los códigos GTIN-14 y GS1-128 para la gestión de la cadena.

6 Carga

Es la última operación de la preparación de pedidos antes de que la mercancía sea remitida al cliente. Las tareas a realizar son:

- **Verificar que el vehículo** o la unidad de transporte de carga (contenedor, caja móvil, vagón de mercancías o semirremolque) sea adecuado para el transporte de la mercancía. Por ejemplo, si se ha de transportar productos congelados, verificar que el vehículo esté equipado con la maquinaria para mantener la temperatura requerida y que esta funcione.

- **Ubicar los pedidos** preparados dentro del vehículo o unidad de transporte de carga, teniendo en cuenta el reparto del peso para equilibrar el transporte, sin sobrepasar las normativas sobre la masa máxima autorizada.

- **Tener cumplimentada la documentación** necesaria, como puede ser el albarán, carta de porte CMR u otro documento de transporte, factura, etc.

- **Entregar la documentación al transportista** o repartidor una vez cargados los pedidos y que este firme los mismos para que haya constancia de la entrega efectiva.

Capítulo 17
Detección y tratamiento de incidencias en la atención de pedidos

La preparación de pedidos es una de las actividades más complejas del almacén y uno de los factores clave para medir el nivel de servicio que desde él se presta a los clientes externos o internos de la empresa. Pero también es uno de los puntos donde existen más posibilidades de cometer errores, que se pueden reducir con la introducción de la tecnología, la mecanización, los sistemas informáticos, los diferentes niveles de automatización, la estandarización de las operaciones y, sobre todo, la formación del personal implicado directa e indirectamente en estas operaciones.

Una entrega errónea provoca una mala imagen, suscita la desconfianza del cliente, genera costos de devolución y de reparación del error (por ejemplo, hay que volver a preparar el pedido), da lugar a posibles problemas de existencias por descuadre y obliga a organizar un nuevo transporte hasta el cliente y a mover innecesariamente la mercancía, lo que puede propiciar posibles defectos en el embalaje o en la propia mercancía.

1   Errores más comunes

Los errores más comunes en la preparación de pedidos son la falta de algún artículo, el envío de un artículo erróneo o de una cantidad que no se corresponde con lo pedido.

- **Falta de algún artículo**
  Es una incidencia muy común (entre el 40 y el 45 % de los errores) que se produce por diferentes circunstancias: errores en la transmisión, preparación, recogida o entrega del pedido; falta de existencias del producto; di-

ficultades para localizar la mercancía en el almacén por no estar ubicada correctamente o porque se ha informado erróneamente de su ubicación, entrada o salida de las existencias.

- **Artículos erróneos**
  Este incidente, también muy común (entre el 30 y el 35 % de los casos), consiste en entregar al cliente productos no demandados, ya sea por errores en la recogida, la preparación, la ubicación o la entrega del pedido; ya sea por referencias o informaciones erróneas, sobre su ubicación, entrada o salida de las existencias.

- **Cantidades erróneas**
  Entre el 25 y el 30 % de los errores consisten en que se entrega menos (lo más habitual) o más cantidad que la pedida. Esta incidencia puede ser provocada por errores en la ubicación, la preparación, la recogida o la entrega del pedido; por no disponerse de cantidad de existencias suficiente, no hallarse la cantidad total del producto demandado en el almacén; o bien por informaciones erróneas sobre su ubicación, la entrada o salida de las existencias.

Si se observan detalladamente los tres tipos de incidencias, se puede comprobar que se pueden producir errores en todas las fases de la preparación y la entrega de los pedidos, y que la mayoría de ellos se deben a dos causas, que normalmente aparecen de forma conjunta ya que se retroalimentan entre ellas.

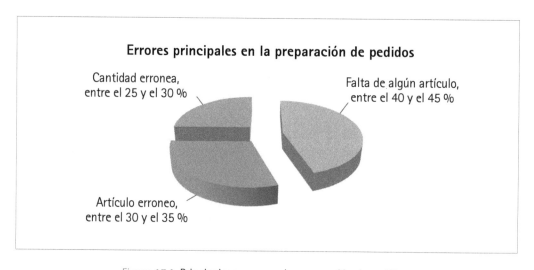

Figura 17.1. Principales errores en la preparación de pedidos.

- Una deficiente, mala o nula gestión y el correspondiente control de todo el proceso.
- Errores humanos de las personas implicadas en el proceso, ya sea por parte del cliente, en el área comercial de la empresa vendedora, o entre las personas que recogen los pedidos, los introducen en sus embalajes, los preparan, los cargan en los vehículos de transporte o los reparten.

La deficiente, mala o nula gestión y control del proceso suele conllevar una gran cantidad de errores humanos, que normalmente quedarían minimizados con una gestión adecuada. Los errores contribuyen a reducir la productividad, a aumentar los costos, y a provocar la insatisfacción del cliente y de las personas implicadas en el proceso.

Los tres grandes tipos de incidencias citados anteriormente representan entre el 80 y el 90 % de los errores que tienen lugar en la preparación de los pedidos. Si se reducen, se conseguirán importantes mejoras en la productividad y la rebaja de costos. Para alcanzar este objetivo, hay que implementar, en el caso de que no exista, una gestión y un control de los procesos, lo que normalmente implica un cambio global en los procedimientos de la empresa, que afectará a los sistemas, al personal y a la manera de interrelacionarse entre ellos, así como entre la empresa proveedora y la compradora. En el caso de que el sistema de gestión y control esté ya implantado, habrá que identificar los puntos donde es deficiente y establecer los cambios o las mejoras que se han de llevar a cabo para reducir las incidencias.

2 Sistemas para reducir los errores humanos

Junto a la gestión y el control también se han de implantar sistemas que reduzcan los errores humanos. Uno de las más eficaces es la formación del personal. Para reducir o minimizar los errores, hay que utilizar de manera eficiente tres sistemas:

- **La tecnología y los sistemas informáticos**, incluyendo ordenadores, programas del tipo sistemas de gestión corporativa *(enterprise resource planning* o ERP) o gestión de almacén (SGA) y las herramientas que pueden integrarse con ellos, como etiquetadoras, impresoras, dispositivos lectores, identificación por radiofrecuencia *(radio frequency identification data* o RFID), sistemas de extracción de mercancías por voz *(pick to voice),* por dispositivos luminosos *(pick to light)* y por guiado óptico *(pick to visión),* y terminales portátiles para la realización de pedidos o las entregas.

- **La gestión y el control** para lograr que la información fluya de modo coherente y efectivo en el seno de la organización y hacia el exterior. Se han de gestionar y controlar las incidencias para poder detectarlas y eliminarlas o minimizarlas al máximo y aprender de ellas.

- **La comunicación** dentro y fuera de la organización, siempre en 360º, es necesaria para la implantación, el funcionamiento y las posteriores mejoras de la gestión y el control.

La gestión y el control de las incidencias tiene como objetivo facilitar la implantación de mejoras para que no se repitan los errores que las han originado y de esta manera reducir los costos. Por esta razón, las incidencias se han de detectar, tratar, gestionar, controlar, cuantificar, valorarlas económicamente y solucionar. Una vez se tenga toda esta información, se ha de estudiar cómo mejorar o modificar los flujos implicados para minimizar las incidencias o eliminarlas, y cuantificar el costo de los cambios que se necesitan implementar para tomar la decisión más adecuada.

Es primordial contar con procedimientos definidos y conocidos por todos los agentes implicados, tanto el personal de la empresa, como el de las empresas clientes y proveedoras, sobre todo a la hora de recepcionar una incidencia. Este sistema ha de ser fácil, ágil y claro, e incluir la información necesaria para dar los siguientes pasos para solucionar la incidencia e implementar las mejoras para que no se vuelva a producir.

Una vez recepcionada, hay que informar y solucionar la incidencia de modo que el cliente perciba que realmente es importante para la empresa y que esta se preocupa por él. A veces la solución es rápida, pero en otros casos puede comportar tiempo y esfuerzo. En cualquier caso es vital que el cliente esté informado. Si es así, es más fácil que él mismo ayude a solucionar la incidencia.

Una vez que la incidencia esté solucionada o se encuentre en vías de solución, hay que hacer un estudio de sus causas, dónde o en qué punto o puntos del flujo se ha producido y qué la ha provocado. Se ha de valorar su importancia y planificar los siguientes pasos. Durante este estudio se propondrán medidas correctoras para minimizar o evitar la reincidencia del error, sus costos y las implicaciones o cambios necesarios a implementar en la gestión, el sistema, el flujo, el personal y los recursos materiales, así como los tiempos necesarios para su implantación. Para finalizar, se aplicarán la o las soluciones propuestas y se hará un seguimiento y control de la mejora conseguida.

Detección y tratamiento de incidencias en la atención de pedidos 139

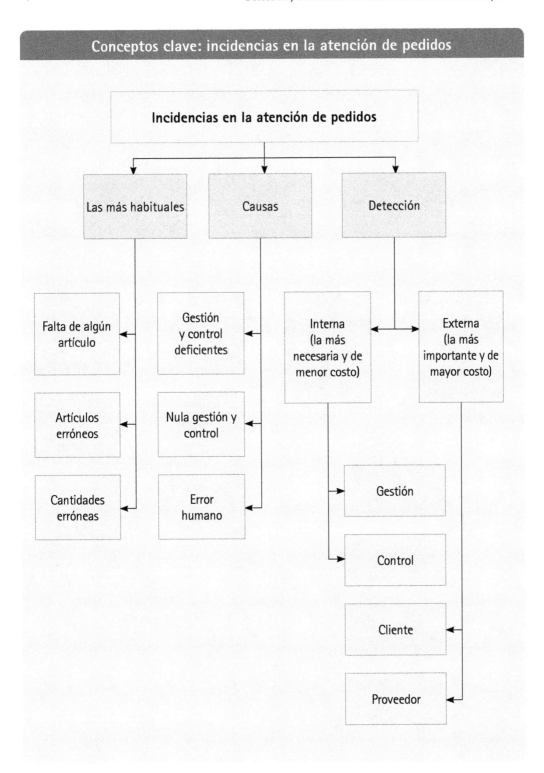

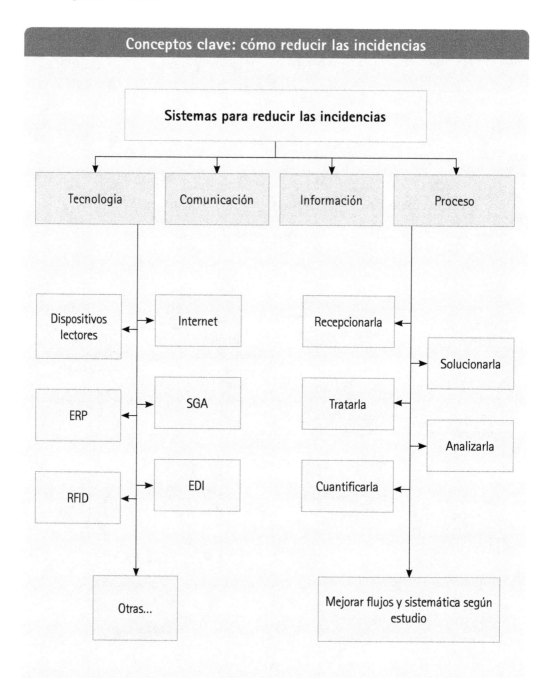

Capítulo 18
Técnicas de preparación de pedidos

1 Modos operativos de la preparación de pedidos

La preparación de pedidos es una de las actividades más complejas del almacén y uno de los factores clave del nivel de servicio a los clientes. En la preparación de pedidos hay que distinguir, por un lado, las personas y el sistema de extracción de los productos de su ubicación y, por otro, el recorrido que realizaran:

- **Las personas y la extracción del producto a preparar**
  - Un pedido preparado por una persona es de extracción individual.
  - Un pedido preparado por varias personas es de extracción individual dividida.
  - Varios pedidos preparados por una persona son de extracción conjunta.
  - Varios pedidos preparados por varias personas son de extracción conjunta dividida.

- **El recorrido, el movimiento de las personas**
  - Persona al producto.
  - Producto a la persona.
  - Mezcla de los dos puntos anteriores.

La conjunción de las personas, la extracción y los recorridos de las mismas crean las cuatro técnicas o modos operativos más utilizados en la preparación de pedidos.

- **Una persona un pedido - persona al producto**

  Normalmente la persona se desplaza hasta el producto de forma manual (a pie) o mecánica.

  Para minimizar recorridos, reducir tiempos y aumentar la productividad, debe haber una buena planificación del orden de recogida de los productos en la preparación de pedidos y su sistemática y disponerse de un ABC correcto y actualizado. Para conseguir el mejor rendimiento y la mayor productividad con esta sistemática de preparación de pedidos se requiere que:

  - La cantidad de pedidos sea baja o media, al igual que la cantidad de líneas por pedido.
  - Las cantidades mínimas sean cajas o palés.
  - El tamaño del almacén sea pequeño o medio.
  - Las distancias recorridas sean cortas o medias.
  - Se utilicen medios manuales, como carritos y transpaletas, o máquinas más sofisticadas, como las carretillas contrapesadas.
  - La gestión de la extracción de unidades se pueda hacer mediante papel o a través de sistemas informáticos más complejos, con herramientas como las pistolas lectoras de código de barras o los sistemas de preparación de pedidos por voz o por visión.

Figura 18.1. Una persona un pedido - persona al producto.

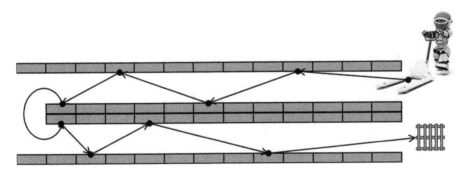

Figura 18.2. Posible recorrido de preparación una persona un pedido.

- **Varias personas un pedido - producto a la persona**
  Normalmente los productos se desplazan hasta las personas que preparan los pedidos, ya sea de forma automática o manual.

  En este sistema hay que abastecer la zona de preparación de pedidos o los lineales para la extracción de unidades. Se debe hacer una extracción masiva de productos en existencias para después desagruparlos en los diferentes pedidos, zonas o lineales. Esta operación de abastecimiento también puede considerarse como una fase previa de la preparación de pedidos. Los recorridos de las personas han de ser mínimos. Es importante disponer de un ABC correcto y actualizado para gestionar el espacio de preparación de pedidos, sea en zonas o en lineales, de acuerdo a las necesidades de los pedidos. Para conseguir un mejor rendimiento y mayor productividad con este sistema, se requiere que:

  - La cantidad de pedidos sea media o alta, al igual que la cantidad de líneas por pedido.
  - La cantidad mínima por producto de salida sea en unidades o en cajas.
  - El tamaño del almacén sea medio o grande.
  - Las distancias recorridas para el abastecimiento de las líneas de preparación de pedidos sean medias o largas.
  - El abastecimiento se realice normalmente de palé completo o medio palé.
  - Los medios materiales a utilizar pueden ser desde manuales, como mesas de preparación de pedidos, a automáticos, como las cintas transportadoras, paternóster, carruseles horizontales, almacenes automáticos o sistemas de extracción de unidades de las estanterías tipo *pick to light*.
  La gestión del abastecimiento y la preparación de pedidos utilizan sis-

Figura 18.3. **Varias personas un pedido - producto a la persona.**

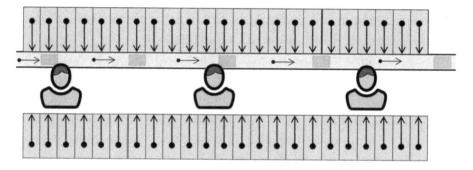

Figura 18.4. **Posible sistemática. Varias personas un pedido.**

temas informáticos, con programas SGA y con herramientas como las pistolas lectoras de código de barras o sistemas *pick to light*.

Este sistema se utiliza, por ejemplo, en las cadenas de suministro de comercio electrónico. En concreto, lo emplean los operadores logísticos que realizan la preparación de los pedidos y la distribución final hasta el cliente.

- **Una persona varios pedidos - persona al producto**
  Normalmente la persona se desplaza hasta el producto de forma manual o mecánica.

  Esta sistemática conlleva una doble planificación y gestión: por un lado, la recogida de los productos de agrupación en cantidades elevadas y, por otro, la disgregación de estos en los pedidos de los clientes. La sistemática ABC permite reducir tiempos y recorridos y de esta forma aumentar la

Figura 18.5. Una persona varios pedidos - persona al producto.

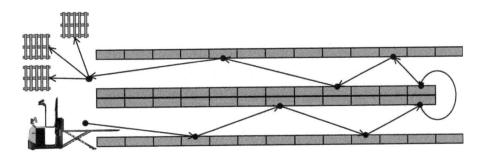

Figura 18.6. Posible recorrido de preparación una persona varios pedidos.

productividad. Para conseguir el mejor rendimiento de esta sistemática se requiere que:

- La cantidad de pedidos sea entre media y media-alta.
- La cantidad de líneas por pedido sea media.
- La cantidad mínima por producto sea en cajas, medio palé o palé entero.
- El tamaño del almacén sea medio.
- La distancia en los desplazamientos sea media.

Los medios que habitualmente se utilizan con esta sistemática son las carretillas preparadoras, normalmente con capacidad mínima de dos palés, carretillas preparadoras a dos o más alturas o carretillas transportacarros. El sistema de gestión de la preparación de pedidos utiliza recursos informáticos, con herramientas como las pistolas lectoras de código de barras, sistemas de extracción de las unidades por voz o por visión. Este sistema se utiliza normalmente en las organizaciones que, por sus infraestructuras y por la tipología y la cantidad de artículos, necesitan operar a dos o más alturas para extraer las unidades de producto de las estanterías.

- **Varias personas varios pedidos - persona al producto y producto a la persona**
  Esta sistemática es una mezcla de las anteriores. Por un lado, las personas se desplazan hasta los productos para preparar estos cuando así lo requieran por sus características. A la vez, en el mismo pedido puede haber productos para cuya preparación sea más idóneo aplicar un sistema de producto a la persona. Esta doble sistemática incluye diferentes operaciones que conllevan una gestión más compleja:

  - Primero se debe desfragmentar el pedido y separar los productos que se han de preparar con el sistema de persona al producto de los de producto a la persona. Esta división del pedido puede estar justificada por la tipología de los productos (barras roscadas de 3 m y tornillos de 10 cm), por las necesidades técnicas o de almacenaje del mismo (por ejemplo, un producto fresco y un producto congelado) o por necesidades de gestión diferenciada, como puede ser la cantidad pedida (si en un mismo pedido, el cliente pide unidades de un producto y pales completos de otro, la preparación en sí misma es diferente).
  - Una vez desfragmentado, se preparan los pedidos de forma independiente, siguiendo la sistemática correspondiente de persona al producto (para los productos de gran tamaño o gran cantidad, por ejemplo) o de producto a la persona (en las zonas de extracción de unidades de producto o en los lineales con sistemas *pick to light*, teniendo presente el abastecimiento de las mismas).
  - Una vez preparado de forma desagrupada, se realiza la consolidación del pedido del cliente para realizar una sola expedición y envío siempre que sea posible.

Al ser una sistemática combinada de las anteriores, es muy importante utilizar sistemas informáticos que faciliten su gestión y control para conseguir una mayor pproductividad. Este sistema se utiliza en las cadenas de suministros con productos muy variados, de características físicas, necesidades técnicas o gestión muy diferentes entre sí y sistemas de ventas de comercio electrónico.

2   Elementos tecnológicos en la preparación de pedidos

Los elementos y las máquinas utilizados en la preparación de pedidos varían desde los sistemas más simples (un cuaderno de papel y un lápiz o bolígrafo) hasta los más automatizados y provistos de las más avanzadas tecnologías. Dependiendo del grado de mecanización del almacén, la necesidad de emplear recursos humanos puede ser mayor o menor. También, en función de la tecnología empleada, el desplazamiento de las personas o del producto puede tender a ser en sentido horizontal o vertical. Los sistemas de preparación de pedidos más conocidos son los que se detallan en las fichas 34 a 53.

34. Preparación manual

- Los elementos más habituales son el papel y el lápiz o bolígrafo.
- Los listados para la preparación de pedidos se hacen en hojas, escritas a mano o impresas mediante sistemas informáticos.
- El sistema de preparación es de persona al producto.
- Los recorridos de preparación son cortos o muy cortos.
- Los pedidos se preparan normalmente a ras de suelo.
- Se necesitan muchos recursos humanos.
- Se prepara pedido a pedido.
- Los almacenes son pequeños o muy pequeños.
- Los productos son de poco peso y volumen.
- Normalmente la cantidad de pedidos es baja.

35. Extracción de unidades con transpaleta manual o eléctrica

- Los elementos más habituales son el papel y el lápiz o bolígrafo y la transpaleta manual o eléctrica. También pueden utilizarse sistemas lectores de códigos de barras.
- Los listados para la preparación de pedidos se hacen en hojas, escritas a mano o impresas mediante sistemas informáticos.
- El sistema de preparación es de persona al producto.
- Los recorridos de preparación son cortos.
- Se necesitan muchos recursos humanos.
- Normalmente se prepara un pedido a la vez, con posibilidades de más de uno.
- Los almacenes son pequeños.
- Los productos son de poco peso y volumen bajo o medio.
- Normalmente la cantidad de pedidos es baja o media.

36. Extracción de unidades con preparador de pedidos eléctrico

- Los elementos más habituales son los sistemas lectores de códigos de barras o de extracción de unidades por voz o visual, y los preparadores de pedidos eléctricos.
- Pueden utilizarse listados impresos mediante sistemas informáticos o también sistemas lectores o de extracción de unidades por voz o por visión y de RFID.
- El sistema de preparación es de persona al producto.
- Los recorridos de preparación son cortos y medios.
- Requiere recursos humanos.
- Se pueden preparar varios pedidos a la vez.
- Los almacenes son medianos.
- Los productos son de peso y volumen medio.
- Normalmente la cantidad pedidos es media y media alta.

37. Extracción de unidades con preparador de pedidos eléctrico elevador

- Los elementos más habituales son los sistemas lectores de códigos de barras o de extracción de unidades por voz o por visión, y los preparadores de pedidos eléctricos elevadores.
- Pueden utilizarse listados impresos mediante sistemas informáticos o también sistemas lectores o de extracción de unidades por voz o por visión y de RFID.
- El sistema de preparación es de persona al producto.
- Los recorridos de preparación son medios.
- Requiere recursos humanos.
- Se pueden preparar varios pedidos a la vez.
- Los almacenes son medianos.
- Los productos son de peso y volumen medio.
- Normalmente la cantidad pedidos es media y media alta.

38. Extracción de unidades con preparador de pedidos eléctrico de doble altura

- Los elementos más habituales son los sistemas lectores de códigos de barras o de extracción de unidades por voz o por visión, y los preparadores de pedidos eléctricos elevadores.
- Pueden utilizarse listados impresos mediante sistemas informáticos o también sistemas lectores o de extracción de unidades por voz o por visión y de RFID.
- El sistema de preparación es de persona al producto.
- Los pedidos se pueden preparar a doble altura o más.
- Los recorridos de preparación son cortos y medios.
- Requiere recursos humanos.
- Normalmente se prepara un pedido a la vez, pero puede prepararse más de uno.
- Los almacenes son medianos.
- Los productos son de peso y volumen medio.
- Normalmente la cantidad pedidos es media y media alta.

39. Extracción de unidades con preparador de pedidos eléctrico de altura variable, niveles altos

- Los elementos más habituales son los sistemas lectores de códigos de barras o de extracción de unidades por voz o por visión y los preparadores de pedidos eléctricos a altura variable con persona arriba.
- Pueden utilizarse sistemas lectores o de extracción de unidades por voz o por visión y de RFID o también listados impresos mediante sistemas informáticos.
- El sistema de preparación es de persona al producto.
- Se preparan pedidos a altura variable, normalmente superior a dos niveles.
- Los recorridos de preparación son medios.
- Requiere recursos humanos.
- Se pueden preparar varios pedidos a la vez.
- Los almacenes son medianos y altos.
- Los productos son de peso y volumen medio.
- Normalmente la cantidad pedidos es media y media alta.

40. Extracción de unidades con carretilla filoguiada AGV

- Los elementos más habituales son los sistemas lectores de códigos de barras o de extracción de unidades por voz o por visión, y las carretillas filoguiadas.
- Se utilizan normalmente sistemas lectores o de extracción de unidades por voz o por visión y de RFID, o también listados impresos mediante sistemas informáticos.
- Dispone de transporte del producto automatizado siguiendo a la persona.
- El sistema de preparación es de persona al producto.
- Los recorridos de preparación son medios o medios largos.
- Requiere recursos humanos.
- Se pueden preparar varios pedidos a la vez.
- Los almacenes son medianos o grandes.
- Los productos son de peso y volumen medio.
- Normalmente la cantidad pedidos es media y media alta.

41. Extracción de unidades manual con pistola lectora

- Cuenta con sistema de extracción con pistola lectora, RFID y sistemas informáticos.
- Normalmente no se utilizan listados ya que la información del pedido está en la pantalla del lector.
- Dispone de un lector de infrarrojos para leer los códigos de barras de la ubicación y del producto.
- Se prepara a nivel de suelo o en altura.
- El sistema de preparación de pedidos es de persona al producto.
- Pueden utilizarse otros sistemas para el transporte del producto, como la transpaleta, la carretilla elevadora y las preparadoras de pedidos.
- La pistola lectora dificulta el movimiento de las manos.
- Los almacenes son pequeños.
- Los recorridos son cortos o medios.
- La extracción se hace por cajas o por unidades.
- Se puede preparar un pedido a la vez.
- Los productos son de peso y volumen bajo.
- Requiere recursos humanos.
- Normalmente la cantidad de pedidos es baja o media.

42. Extracción de unidades de ropa colgada

- Utiliza sistemas informatizados de gestión.
- Dispone de listados impresos o sistemas de información en pantalla, ya sea táctil o no.
- El sistema de preparación de pedidos es de producto a la persona.
- Los almacenes son medianos semiautomatizados.
- La ropa colgada se extrae en cajas.
- Se prepara a nivel de suelo.
- Las personas no necesitan hacer recorridos.
- Normalmente el producto se mueve mediante raíles y las cajas, con rodillos.

43. Extracción de unidades con sistema *pick to light*

- Utiliza sistemas informatizados de gestión de pedidos.
- Funciona mediante indicadores de luces, pantalla o visor y botones de confirmación.
- Los indicadores lumínicos indican dónde se ha tomar el producto y en qué cantidad.
- Los pedidos se preparan sin papeles.
- Se preparan a nivel de suelo.
- El sistema de preparación de pedidos es de producto a la persona.
- Se requiere una fase de abastecimiento para rellenar el sistema.
- Normalmente la cantidad pedidos es grande.
- Se preparan por unidades.
- Las personas no necesitan hacer recorridos o estos son muy cortos.
- Normalmente el producto se mueve en cajas mediante rodillos.
- Puede aplicarse junto a otros sistemas, como el *put to light*.

44. Extracción de unidades con sistema de *pick to voice* y lector de códigos

- Utiliza sistema con lector de códigos de barras de dedo mediante infrarrojos, pantalla de brazo más extracción de unidades por voz.
- Las manos tienen libertad de movimientos.
- Dispone de sistemas informatizados de gestión de pedidos.
- Los pedidos se preparan sin papeles.
- El sistema de preparación de pedidos es de producto a la persona.
- Se preparan a nivel de suelo pero también a niveles elevados.
- Los almacenes son medianos.
- Se utilizan otros sistemas para el transporte del producto, como tla transpaleta, la carretilla elevadora y las preparadoras de pedidos.
- Se puede preparar más de un pedido a la vez.

45. Extracción de unidades automático de palés

- Utiliza sistemas automáticos, normalmente de palés monoreferencia y en algunos casos de cajas.
- La gestión está totalmente informatizada, sin necesidad de papeles.
- El sistema de preparación de pedidos es de producto a la persona.
- Recibe una cantidad elevada de pedidos.
- Las cantidades por pedidos son elevadas.
- Normalmente el producto se mueve mediante sistemas automatizados de rodillos o sistemas de transporte automático.
- Requiere pocos recursos humanos.

46. Extracción de unidades automático por unidad de producto

- Utiliza sistemas automáticos de unidades de producto.
- Los productos son de poco volumen y medidas pequeñas.
- La gestión está totalmente informatizada, sin necesidad de papeles.
- El sistema de preparación de pedidos es de producto a la persona.
- Recibe una cantidad elevada de pedidos con muchas líneas pero pocas unidades por línea.
- Normalmente el producto se mueve mediante sistemas automatizados de rodillos o sistemas de transporte automático.
- Requiere pocos recursos humanos.

47. Extracción de unidades semiautomática paternóster

- Utiliza sistemas automáticos, normalmente de unidades de producto.
- La gestión está totalmente informatizada, sin necesidad de papeles.
- El sistema de preparación de pedidos es de producto a la persona.
- Recibe una cantidad de pedidos media.
- La cantidad por pedido es baja.
- Se pueden preparar varios pedidos a la vez.
- Normalmente el producto se mueve mediante sistemas automatizados de rodillos o sistemas de transporte automático.
- Requiere pocos recursos humanos.
- Se adapta a las necesidades de la empresa, ya sea en medidas como por otras características, por ejemplo, la temperatura controlada positiva o negativa.

48. Extracción de unidades manual con carro adaptado

- Los elementos más habituales son el papel y el lápiz o bolígrafo, pero también se pueden utilizar pistolas lectoras.
- Los listados para la preparación de pedidos se hacen en hojas, ya sean escritas a mano o impresas mediante sistemas informáticos.
- El sistema de preparación es de persona al producto.
- Los recorridos de preparación son cortos.
- Se pueden preparar varios pedidos a la vez.
- Los pedidos se preparan normalmente a ras de suelo.
- Se requieren muchos recursos humanos.
- Los almacenes son pequeños o muy pequeños.
- Los productos son de poco peso y volumen.
- Normalmente la cantidad pedidos es baja.

49. Extracción de unidades con sistema de *pick to visual*

- Los pedidos se preparan mediante sistemas por visión y por voz.
- Las manos tienen libertad de movimientos.
- Utiliza sistemas informatizados de gestión de pedidos.
- Los pedidos se preparan sin papeles.
- El sistema de preparación de pedidos es de persona al producto.
- Los pedidos se preparan a nivel de suelo pero también a niveles elevados.
- Los almacenes son de todo tipo.
- Utiliza otros sistemas para el transporte del producto, como la transpaleta, la carretilla elevadora y las preparadoras de pedidos.
- Se prepara un pedido a la vez.
- Se puede utilizar para otros menesteres como mantenimiento.
- Existe la posibilidad de conexión remota, ethernet e internet.

50. Extracción de unidades automático *sorter*

- Utiliza sistemas automáticos normalmente de cajas o unidades de producto.
- La gestión está totalmente informatizada, sin necesidad de papeles.
- El sistema de preparación de pedidos es de producto a la persona.
- Tiene una cantidad elevada de pedidos y líneas.
- Normalmente el producto se mueve mediante sistemas automatizados de rodillos o sistemas de transporte automático que alguien alimenta.
- Requiere recursos humanos al final del *sorter* o elemento de clasificación automática para ubicar los productos.
- Se pueden preparar varios pedidos a la vez.

51. Extracción de unidades con sistema *put to light* y *pick to voice*

- Utiliza sistemas informatizados de gestión de pedidos.
- Funciona mediante indicadores de luces, pantalla o visor y botones de confirmación.
- Los indicadores lumínicos indican dónde se ha de poner el producto y la cantidad a colocar.
- Los pedidos se preparan sin papeles.
- Los pedidos se preparan a nivel de suelo.
- El sistema de preparación de pedidos es de persona al producto.
- La cantidad pedidos es alta, con pocas líneas y productos.
- Los pedidos se preparan normalmente por unidades.
- Se pueden preparar varios pedidos a la vez.
- Los recorridos de las personas son cortos o medios.
- Normalmente el producto se mueve en carros empujados por la persona.
- Puede realizarse junto a otros sistemas como el *pick to light*.

52. Extracción de unidades de *mini load* con sistema *pick to light* más un sistema *put to light*

- Utiliza diferentes sistemas de preparación de pedidos, empezando por un *pick to light* alimentado por un *mini load* y después un carro con sistemática *put to light*.
- Dispone de sistemas informatizados de gestión de pedidos.
- Los pedidos se preparan sin papeles.
- El sistema de preparación de pedidos es de producto a la persona para seguir con persona al producto.
- La cantidad pedidos es alta.
- Los pedidos se preparan normalmente por unidades.
- Se pueden preparar varios pedidos a la vez.
- Los pedidos se preparan a nivel de suelo.
- Los almacenes son medianos y grandes.
- Se prepara un pedido a la vez.

53. Extracción de unidades con sistema de *pick to voice*

- Utiliza un sistema informatizado de gestión de pedidos.
- Utiliza un sistema de preparación de pedidos mediante la comunicación por voz entre la persona y el SGA.
- La persona recibe las ordenes en los auriculares y confirma mediante la voz
- Las manos tienen libertad de movimiento.

- Los pedidos se preparan sin papeles.
- El sistema de preparación de pedidos es de persona al producto.
- Los pedidos se preparan a nivel de suelo pero también a niveles elevados.
- Los almacenes son de todo tipo.
- Utiliza otros sistemas para el transporte del producto, como la transpaleta, la carretilla elevadora y las preparadoras de pedidos.
- Se prepara un pedido a la vez.
- Puede utilizarse junto a otros sistemas de preparación de pedidos como el pick to visual o el *put to light*.

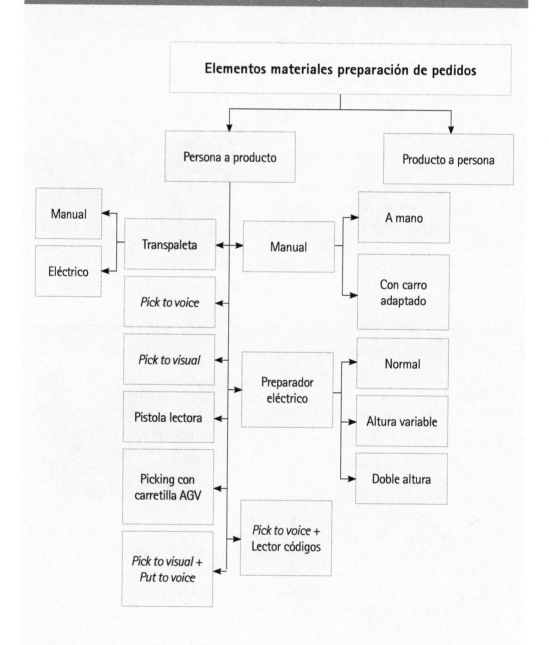

Conceptos clave: elementos materiales preparación de pedidos persona a producto

Conceptos clave: elementos materiales preparación de pedidos producto a la persona y mixto de los dos modelos

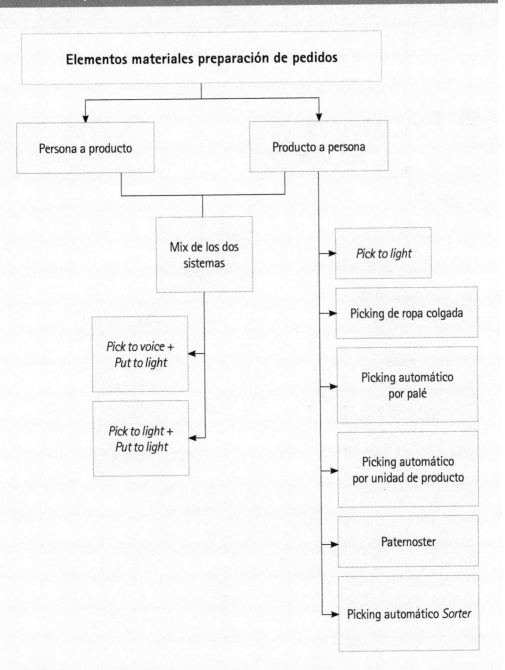

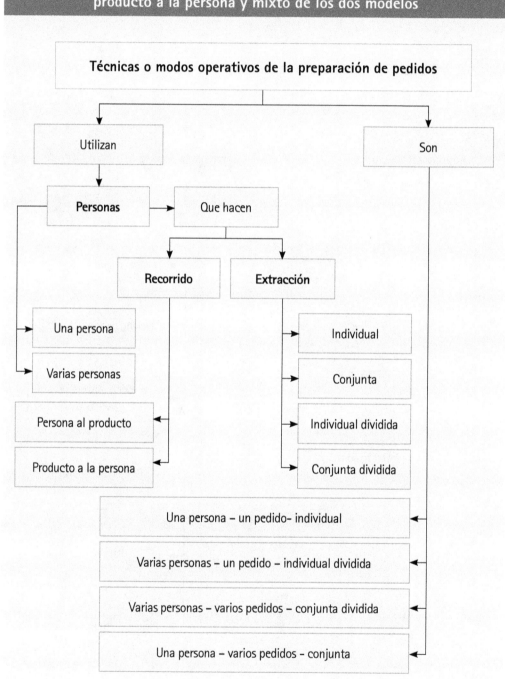

Capítulo 19
Salida de las mercancías

Las salidas de mercancía del almacén pueden cumplir diferentes finalidades, con frecuencia determinadas por la tipología del propio almacén (de materias primas, producto acabado, material auxiliar, etc.). También influirá si la salida responde a la demanda de un cliente interno o externo, ya que pueden ser diferentes el procedimiento, la documentación o la cantidad, por ejemplo. Dependiendo del tamaño y del tipo de almacén, las operaciones de salida pueden ser llevadas a cabo por las mismas personas y los recursos materiales que los utilizados en las de entrada y en los movimientos internos.

Según la función de la mercancía almacenada, los principales tipos de salidas del almacén pueden clasificarse en:

- **Materias primas**
  Normalmente son materiales o productos que se utilizan para elaborar otros productos en el área de producción. Si esta se encuentra dentro de la empresa se considera cliente interno, en caso contrario acostumbra a tratarse como cliente externo.

- **Producto acabado**
  Se utiliza para la preparación de pedidos destinados a satisfacer las necesidades de los clientes. En algunos casos, el producto acabado puede salir directamente hacia expediciones, venta directa o el departamento comercial, con lo que serían salidas para un cliente interno. También puede estar externalizada su distribución, con lo cual se destinaría a un cliente externo.

Figura 19.1. En algunos almacenes, las operaciones de salida pueden realizarlas las mismas personas y maquinaria que se ocupan de las de entrada.

- **Materiales auxiliares**

    Normalmente se trata de salidas hacia los diferentes departamentos de la empresa como producción, preparación de pedidos, administración, etc. También pueden estar destinadas a clientes externos en el caso de haberse externalizado algunos procesos, por ejemplo, empresas de montaje, operadores logísticos o empresas auxiliares.

- **Producto semielaborado**

    Estos productos van dirigidos normalmente hacia los departamentos de producción o montaje, donde se convertirán en productos acabados. En el caso de que los procesos de producción final estén externalizados se consideran clientes externos, y en caso contrario, clientes internos.

- **Logística inversa**

    Son las salidas relacionadas con el reciclaje, la destrucción o la devolución de productos o materiales obsoletos, defectuosos, caducados o incorrectamente embalados.

    Estas salidas son habitualmente demandadas por los departamentos de compras, aprovisionamiento, calidad o el comercial. Puede tener diferentes

Figura 19.2. La salida de mercancías implica desubicarlas de su lugar de almacenaje y transportarlas al sitio designado.

destinos, como la devolución a la empresa proveedora, o a empresas especializadas que gestionan las operaciones de reciclaje, reutilización o destrucción.

Cada una de las salidas indicadas sigue un procedimiento que se inicia con la orden de trabajo del departamento correspondiente o un pedido del cliente, con la información del destino. Cualquier movimiento de salida de la mercancía que se realice en el almacén ha de tener como origen una orden de trabajo o un pedido.

- Para las **entradas de mercancías** en el almacén, se necesita un pedido del departamento de compras o aprovisionamiento que debe ser confirmado con la recepción de la mercancía.
- Para los **movimientos internos**, se necesita una orden de trabajo que indique la tarea a realizar y que será confirmada una vez realizada.
- Para las **salidas de productos**, se necesita un pedido del departamento correspondiente o del cliente que será confirmado una vez ejecutada la misma.

Las ordenes de salida de las devoluciones de producto son emitidas por compras, aprovisionamiento y, en casos especiales, desde gerencia. Tienen como destino el proveedor.

La salida de productos o mercancía del almacén incluye las siguientes operaciones, por orden de ejecución:

- Identificar el producto y su ubicación en el almacén.
- Determinar qué máquina se utilizará así como la mejor ruta.
- Poner en marcha la máquina y hacer el recorrido hasta la ubicación del producto.
- Desubicar la mercancía de su lugar de almacenaje llevando a cabo un control de la misma para confirmar que es la deseada.

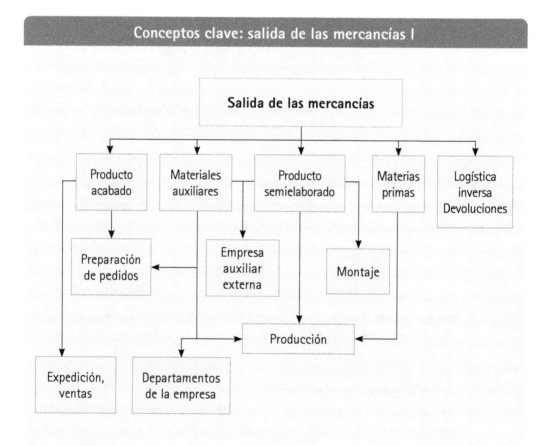

Conceptos clave: salida de las mercancías I

- Transportar el producto desde su ubicación hasta el lugar designado, por ejemplo, las áreas de producción, de preparación de pedidos, de expedición u otro departamento de la empresa.
- Ubicar la mercancía en el lugar y de la manera que corresponda para facilitar y agilizar la siguiente tarea, siguiendo las indicaciones del área receptora de la mercancía, con el fin de evitar movimientos innecesarios de la misma.
- Informar al sistema de gestión de la salida de la mercancía del almacén y de su ubicación o destino final.

Si se utilizan sistemas de gestión en tiempo real, la última tarea, la información, se realizará en cada uno de los movimientos anteriores, para facilitar la gestión y el control.

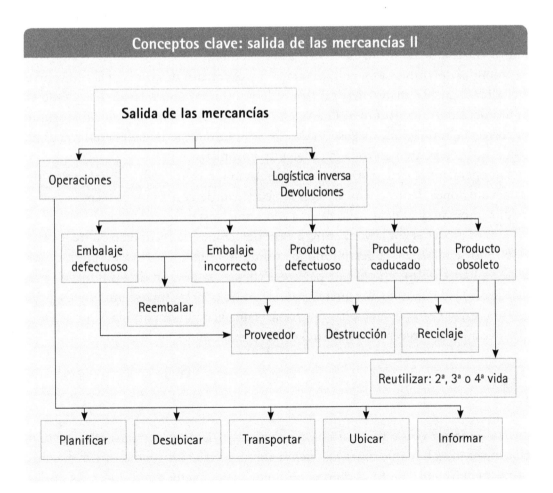

Capítulo 20
Logística inversa

La logística inversa es el conjunto de actividades de recogida, desmontaje y procesado de productos usados, partes sobrantes de productos o materiales con vistas a aprovechar al máximo su valor y su uso sostenible.

Implica la planificación, la implantación y el control de costos, y el transporte y el almacenaje de materiales, así como de la información relacionada, desde el punto de venta o consumo al de origen con el fin de recuperar valor o asegurar su correcta eliminación. La gestión de este conjunto de actividades conlleva unos costos que repercuten en toda la cadena de suministro.

Las operaciones de logística inversa se relacionan sobre todo con la gestión de las devoluciones de los clientes y con la necesidad de contribuir al respeto por el medio ambiente y al desarrollo de una economía sostenible.

Ambos aspectos conllevan, entre otras operaciones, la recuperación de los envases y los embalajes, la gestión de los residuos generados en la empresa o por el desembalaje del producto por parte del cliente, la gestión de los retornos y la reutilización de algunos productos para proporcionarles una segunda vida útil.

Para realizar estas operaciones es necesaria una gestión de entrada de productos diferenciada de la recepción habitual de otras mercancías en la empresa.

1   Las devoluciones

Se han de tratar como una entrada de producto a la empresa pero con un flujo específico, pues hay que tener en cuenta algunas variables añadidas. Las devoluciones tienen su origen en el cliente, por lo que es conveniente conocer sus causas

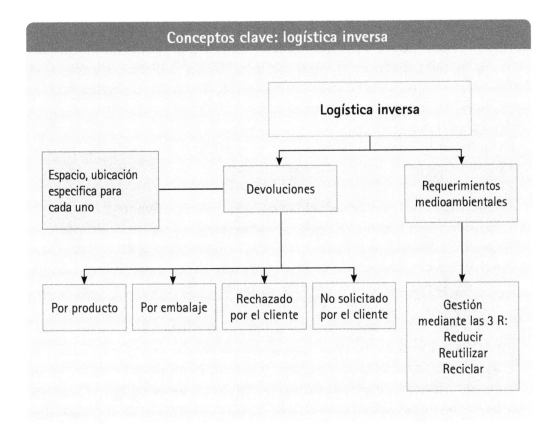

a través del departamento comercial. Esa información ayuda a gestionar posteriormente el producto retornado y a evitar futuras devoluciones. Conviene disponer de un canal propio de entrada para las devoluciones y no utilizar el mismo que para el resto de mercancías por los siguientes motivos:

- El producto no procede de un proveedor; se trata de un flujo inverso.
- La cantidad devuelta puede ser diferente de la remitida.
- El embalaje puede estar en deteriorado.
- Puede haber mezcla de diferentes productos.
- Los productos pueden estar en mal estado o presentar deficiencias.
- Es posible que el cliente no desee el producto, pero que su destino final sea otro cliente.
- Las devoluciones generan costos para la empresa, tanto por sí mismas, como por la gestión y el control que requieren; en algunos casos, la solución que se aporta al cliente puede ser la reposición del producto.

Algunas empresas formalizan contratos con los clientes y los proveedores para gestionar las devoluciones, evitarlas o minimizarlas. Un ejemplo de ello son los contratos de calidad concertada, que también buscan minimizar los costos de devolución. Hay que tener en cuenta que todas las devoluciones implican costos económicos, de tiempo, de servicio y de calidad para la empresa proveedora, pero también para el cliente.

Los motivos que pueden llevar a un cliente a hacer una devolución pueden ser diversos, pero generalmente se pueden englobar en alguno de estos apartados:

- **Productos con fecha de caducidad o de consumo preferente**
  Se ha de prever la gestión del flujo y reservar espacio para este tipo de devoluciones. Su destino puede ser la destrucción, pero también reutilizarse como materia prima en la elaboración de otros productos. La caducidad de los productos está regida por normativas legales y se aplica a sectores como el alimentario, el químico o el farmacéutico. Un caso especial lo constituyen los productos farmacéuticos caducados. Aunque su destino más habitual es la destrucción, también son reutilizados por organizaciones dedicadas a recoger y gestionar la logística inversa de dichos productos; por ejemplo, los sistemas integrados de gestión y recogida de envases puesto en marcha por la industria farmacéutica. La gestión de este tipo de mercancía ha de quedar documentada de manera que

Figura 20.1. Las empresas fabricantes están obligadas por las normativas medioambientales a la recogida de los productos obsoletos, que deben ser almacenados hasta su reciclado, reutilización o eliminación.

Logística inversa

Conceptos clave: devoluciones

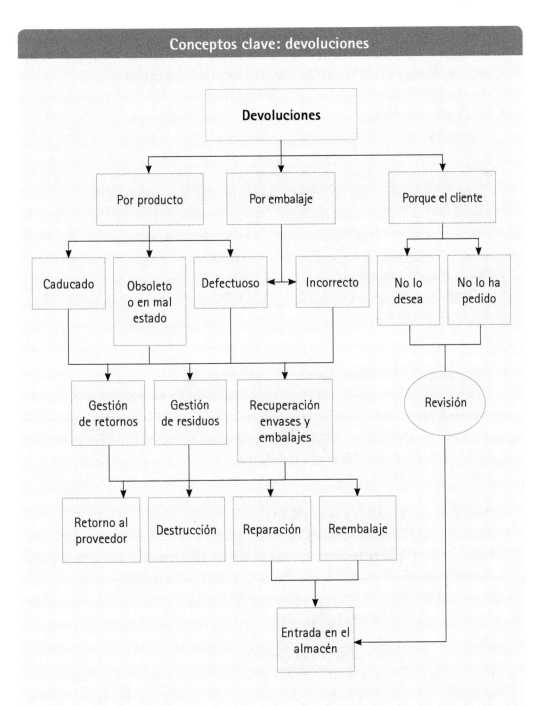

se pueda seguir con precisión su trazabilidad. El espacio de almacenamiento ha de estar identificado de forma clara e inequívoca, separado del resto de los productos, para evitar la posible contaminación de las existencias.

- **Productos obsoletos**
  La mayoría de los productos pueden quedar obsoletos, por lo que han de preverse controles y espacios para ellos, tanto en el caso de que sean devueltos por el cliente como de que se encuentren en un almacén propio. Su destino puede ser la eliminación (con la pertinente gestión de residuos), el reciclaje o desmontaje para la reutilización de partes o componentes, la venta en un segundo o tercer canal, en tiendas *outlet*, o incluso el retorno a la empresa proveedora.

- **Productos en mal estado**
  La gestión de este tipo de productos es similar a la de los obsoletos, si bien puede convenir repararlos para reintroducirlos en el mercado o reutilizar sus componentes.

- **Productos con embalaje incorrecto o defectuoso**
  Es necesario disponer de un espacio acondicionado para los productos con embalaje incorrecto o defectuoso, siempre que sea viable reembalarlos eliminando el anterior embalaje. En algunos sectores, como el farmacéutico o el alimentario, un embalaje inadecuado puede ser una amenaza para la seguridad y la salud pública, por lo que los controles han de ser exhaustivos.

- **Productos rechazados por el cliente**
  En estos casos, normalmente, el producto y su embalaje se encuentran en buen estado y solo se requerirá verificar esto para que se puedan reincorporar al sistema y al almacén. La devolución se gestionará siguiendo los procedimientos previstos para su entrada, considerando la posibilidad de realizar un retorno del producto a la empresa proveedora.

- **Productos no solicitados por el cliente**
  Cuando la devolución se realiza por este motivo, es que se ha producido un error en la gestión del pedido o su entrega. Al igual que en el caso anterior, normalmente el producto y su embalaje se encuentran en buen estado, e igualmente cabe la posibilidad retornarlo a la empresa proveedora, dependiendo de la circunstancia.

Es necesario disponer en el almacén de espacios delimitados, separados del resto de las mercancías e identificados en función del tipo de devolución, para evitar que se pueda incurrir en errores derivados de su utilización. Se han de tratar las devoluciones, sobre todo en las pequeñas y medianas empresas, con la máxima transparencia, favorecer que la información sobre ellas sea accesible para el conjunto de la organización y facilitar la posibilidad de encontrar soluciones para minimizarlas.

2 Requerimientos medioambientales

La necesidad de preservar los ecosistemas naturales ha llevado a implementar medidas correctoras de los modelos de producción, especialmente de aquellos que consumen más recursos naturales o generan más elementos contaminantes. Las políticas colaborativas en la gestión de las cadenas de suministro tienen efectos muy positivos en aspectos como la recuperación de envases y embalajes o la gestión de residuos, entre otros.

Figura 20.2. Residuos metálicos triturados y embalados en una planta de reciclaje.

- **Recuperación de envases y embalajes**

  Los envases y los embalajes se recuperan para reutilizarlos directamente en la cadena de suministro o para su reciclaje.

  - Algunos envases y embalajes, como las botellas de vidrio o las cajas de plástico, se reutilizan directamente tras simples operaciones (por ejemplo, de limpieza y desinfección) o se reintroducen en el circuito de distribución sin ninguna operación adicional, como los palés, que solo ocasionalmente y por su utilización continuada (reutilización) pueden necesitar ser reparados o restaurados.
  - El reciclaje de envases y embalajes conlleva normalmente operaciones más complejas para crear nuevos embalajes, por ejemplo, las cajas de cartón que, una vez utilizadas, se reciclan para crear nuevo cartón.

  De este modo, reutilizando y reciclando, se reducen drásticamente los residuos producidos en la cadena de suministro.

- **Gestión de retornos**

  La recuperación de los envases y los embalajes, junto a las devoluciones de productos, obligan a planificar la gestión de los retornos de estos elementos,

Figura 20.3. Proceso de separación de envases plásticos PET, utilizados en envases de bebidas, para su reciclado en materia prima que puede reintroducirse en un proceso de producción.

que conlleva la recogida, el transporte, la recepción y su correspondiente ubicación en los espacios designados a tal efecto, propios o subcontratados. En algunos casos, también implica su clasificación y transporte final.

- **Gestión de residuos**

    Las operaciones relacionadas con la gestión de los residuos han tener en cuenta los siguientes aspectos:

    - Si se trata de envases o embalajes, la tipología de producto que han contenido: alimentario, farmacéutico, químico, etc.
    - La operación final a realizar: destruir, reciclar, reutilizar, reparar, etc.
    - Cómo realizar estas operaciones de manera que no resulten perjudiciales para las personas y el medioambiente, por ejemplo, mediante organizaciones especializadas en el tratamiento de residuos, externas a la empresa.

El medioambiente y su conservación incumben al conjunto de la sociedad, pero especialmente a las empresas fabricantes y distribuidoras, responsables del diseño de sus productos y de sus cadenas de distribución. Una de las sistemáticas de gestión medioambiental en las empresas es la regla de las tres R: reducir, reutilizar, reciclar (véase la figura 20.4).

REDUCIR: Se trata de disminuir la cantidad de basura que se produce. Reducir la producción de objetos susceptibles de convertirse en residuos o utilizar materiales que se puedan reciclar/reutilizar.

REUTILIZAR: Volver a emplear un producto para una segunda vida, ya sea el mismo uso u otro diferente. Aprovechar los residuos, productos obsoletos para fabricar materiales o productos diferentes.

RECICLAR: Obtener nuevos productos partir de los materiales que se desechan. Es el conjunto de operaciones de recogida y tratamiento de residuos que permiten reintroducirlos para una segunda vida.

Figura 20.4. **La regla de las tres R: reducir, reutilizar, reciclar.**

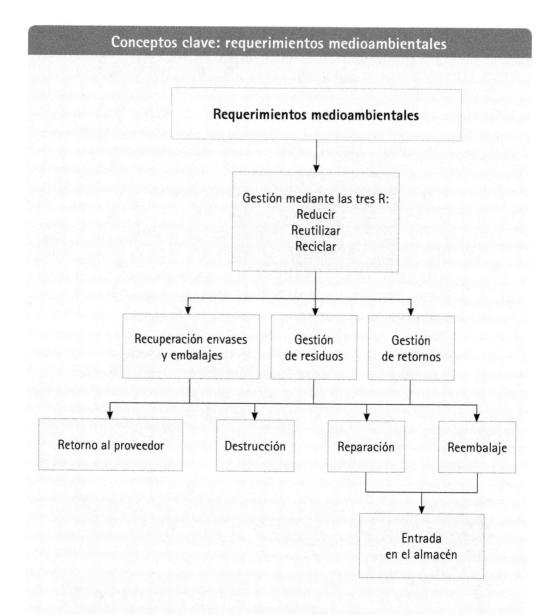

Capítulo 21

La tecnología y los sistemas de gestión informatizada del almacén

La globalización de los mercados y el cambio de paradigma en ellos, al pasarse de un sistema *push* (empujar) a un sistema *pull* (estirar), han incrementado la cantidad productos y sus variantes que las empresas han de gestionar y controlar. Con ello se busca la diferenciación, la personalización, la atención a grupos con necesidades especiales y, a la vez, su estandarización. Un ejemplo es el sector de la automoción, que comprende gran cantidad de marcas, cada una con sus diferentes modelos, motorizaciones, combustibles y acabados, que hacen que el vehículo sea personalizado y diferenciado del resto, pero dentro de una estandarización operativa, que abarca todo el espectro tipológico de los clientes y cubre las demandas de los mercados.

Por eso, la utilización de la tecnología y la informatización de las organizaciones y de su gestión facilitan el control global a la vez que mejoran la operativa y el servicio al cliente. Esta informatización se hace a través de los sistemas de comunicación *(smartphones,* tabletas, PDA, internet, Ethernet y EDI) y del *software* informático de gestión empresarial (los ERP o *enterprise resource planning),* así como a través de los programas específicos para los diferentes campos de actuación de las empresas (como los de gestión de almacenes SGA, producción y aprovisionamiento MPS, MPR I, MPRII, CRM, protocolos web, SaaS o *software as a service,* etc.) y los elementos necesarios para la gestión, el control y la comunicación del *hardware,* las organizaciones y las personas. Dentro de la logística del almacenaje y la preparación de pedidos a nivel tecnológico, se pueden citar: *hardware,* códigos de barras, *tag,* RFID *(radio frequency identification),* pistolas lectoras, sistemas de extracción de unidades por voz *(pick to voice)* o mediante dispositivos luminosos *(pick to light* y *put to light),* almacenes automáticos, carruseles, paternóster, *mini load* y AGV.

Aunque muchos programas para los diferentes campos de actuación de las empresas pueden funcionar de forma independiente, normalmente se utilizan los ERP como nexo de unión y de gestión. En esta unión, existen dos principios básicos, vitales para conseguir una gestión eficiente:

- **La no duplicidad de datos**
  Significa que la información no debe estar repetida en diferentes bases o ubicaciones dentro del sistema informático. Si se utiliza un ERP como base en la gestión global de la empresa y un SGA en la gestión del almacén y todas las operaciones que se realizan en él, se empleará una sola base de datos para los dos sistemas. Por ejemplo, la base de clientes y referencias de los productos normalmente se ubica en la base del ERP, y el SGA debe tomar la información de esta. La duplicidad de datos comporta un mayor tiempo de mantenimiento de las bases de datos y también incrementa la posibilidad de errores.

- **La unificación o estandarización de la nomenclatura**
  Es de vital importancia para conseguir una eficiente gestión empresarial. Los lugares, clientes, proveedores, referencias, procesos, procedimientos y cualquier dato que se introduzca en el sistema se han de identificar de una sola forma, que será siempre la misma. Normalmente los programas tienen sistemáticas estandarizadas, para que los datos se introduzcan siempre de la misma forma en el sistema. Por ejemplo, supóngase que la ubicación de clientes y proveedores fuera la ciudad de Barcelona y que hubiera diferentes formas de introducirla en el sistema de datos, como Barcelona, Bcn, Barna y otras. Si se utilizaran varias formas en vez de una sola estandarizada, se dificultaría la gestión tanto a nivel departamental como global y podría perderse información y provocar una toma de decisiones errónea.

En el mercado hay programas variados (ERP, SGA y otros) para todo tipo de organización, ya sea pequeña, mediana o grande, incluso algunos están sectorizados para cubrir necesidades especiales (como automoción, alimentación, grandes superficies, tiendas, textil, etc.). Muchos de ellos son de programación cerrada o privativa y otros de código abierto. Existen programas modulares que tienen un núcleo base, a partir del cual se pueden añadir diferentes partes, módulos u otros programas, según necesidades. Pueden estar ubicados en servidores de la propia organización, en servidores externos a la organización o en la nube en organizaciones externas a

Conceptos clave: la tecnología y los sistemas de gestión informatizada del almacén

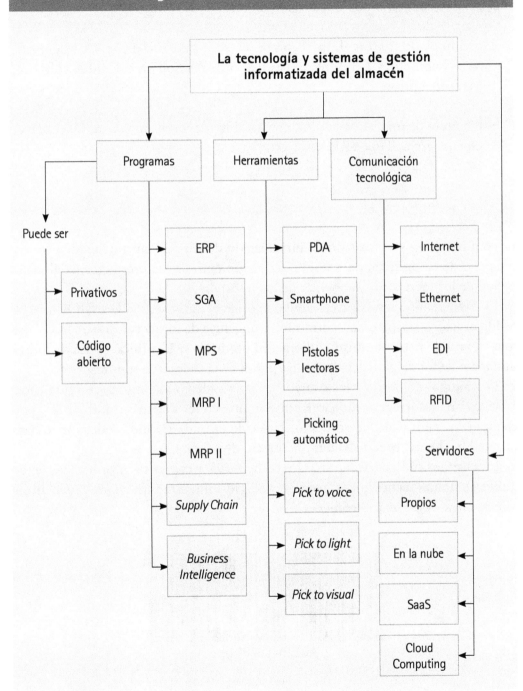

la empresa y a la empresa del programa (sistemas SaaS y Cloud Computing). Esta última sistemática cada vez está más extendida debido a su mayor seguridad y confidencialidad, así como por la reducción de costos que conlleva:

- Ejemplos de marcas de ERP privativo son: SAP, Navisión de Microsoft, Sage, Solmicro, CCS Agresso, Isis, Fas-5 de AS Software, Galdon software, M. Soft, Aptean.

- Ejemplos de marcas de ERP de código abierto u *open source* son: Openbravo, Openxpertya, Tiny ERP, Abanq.

1 Codificación

La comunicación y el traspaso de información deben ser claros e inequívocos en toda la cadena logística, para responder al aumento de los productos, la globalización de los mercados y la mejora de los transportes.

La codificación y, en concreto, los códigos de barras y los códigos QR han favorecido mucho el traspaso de información y que fluya de forma continua. Hacen que todo el mundo hable un mismo idioma. El producto se identifica, ya sea de forma unitaria o de forma global, en todas las partes de la cadena de suministro.

Los códigos de barras y los códigos QR son cadenas alfanuméricas que tienen asociada una información adicional importante en los sistemas informáticos, por ejemplo, trazabilidad del producto, fecha de entrada y salida, tallas, medidas, proveedor, cliente, precio de compra, precio de venta.

Para leer los códigos de barras o los códigos QR y captar su información, se requieren sistemas tecnológicos, como pistolas lectoras con infrarrojos y una visión directa entre el lector y el código.

Figura 21.1. Ejemplo de código de barras.

Para que todo el mundo hable un mismo idioma, mediante los códigos de barras, se creó la asociación EAN *(European Article Number* o Asociación Europea de Codificación de Artículos)*, que se fusionó con la UCC *(Uniform Code Council)* en 2005 para formar una nueva y única organización mundial identificada como GS1, con sede en Bruselas (Bélgica). Se trata de un sistema de estándares globales que permiten la identificación y la comunicación correctas de la información de productos entre interlocutores comerciales, para mejorar la eficiencia y visibilidad de las cadenas de abastecimiento, así como la oferta y la demanda a nivel mundial y en todos los sectores. El sistema de normas GS1 es el más utilizado en la cadena de suministro de todo el mundo. GS1 opera en varios sectores económicos e industriales:

- GS1 *BarCodes* (códigos de barras).
- GS1 *eCommerce* (comercio electrónico).
- GS1 GDSN *(global data synchronisation network* o red mundial de sincronización de datos).
- *EPCgloba*l (código electrónico de productos).

En cada país se ha creado una organización dedicada a gestionar esta normativa: GS1 México, GS1 Colombia, GS1 Argentina, GS1 Chile, o Aecoc en España, por ejemplo.

En la cadena de suministro se utilizan diferentes códigos de barras. Los más habituales son GTIN-13, GTIN-14 y GS1-128, aunque también se empieza a utilizar el código QR en algunas cadenas de suministro.

Un código de barras consta de dos partes diferenciadas: el código y el símbolo. La codificación consiste en la asignación de una serie de caracteres numéricos o alfanuméricos a una unidad. En el caso de una codificación basada en el estándar

> La normativa GS1 se basa en el principio de codificación de **no ambigüedad**, que establece que cada producto y artículo debe tener un código único que lo identifique. Dos productos distintos no pueden identificarse con el mismo código GTIN *(global trade item number* o número mundial de un artículo comercial). Y un mismo producto no puede identificarse con más de un GTIN.

GS1, constará de una serie de números únicos, globales y no ambiguos. La simbología consiste en un método específico para representar caracteres numéricos o alfabéticos en forma de códigos de barras.

- **GTIN-13**

    Este código se utiliza para los productos de venta al detalle, al consumidor. Está compuesto de doce dígitos más uno de control, es decir, trece en total. Se encuentra en los productos como identificador único, en su envase unitario. También es el código que identifica de forma unitaria, a partir del año 2006, las obras escritas y en este caso se denomina ISBN *(international standard book number* o número estándar internacional de libros). Se emplea en la venta final, por ejemplo, en los comercios, para realizar un cobro. Para seguir el principio de no ambigüedad y no duplicidad, lo facilitan las diferentes organizaciones que conforman la asociación mundial GS1. La sistemática para la creación del GTIN-13 es tal como se ve en la figura 21.2, teniendo en cuenta que dos productos no pueden tener un mismo código y un producto no puede tener más de un código.

    Los dos primeros grupos son el código de país y el código de empresa, que son facilitados por la organización GS1. El tercer grupo es el código de producto, facilitado por la empresa, y el último grupo sirve para la verificación del resto. Con esta sistemática se pretende codificar todos los productos y sus variantes de forma única e inequívoca a nivel global. Una estructura común podría ser, por ejemplo, la de la figura 21.3.

Figura 21.2. Composición del código GTIN-13.

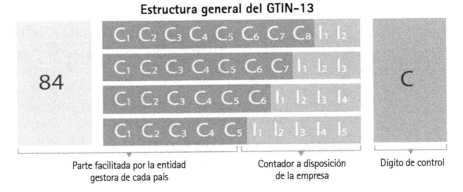

Figura 21.3. Estructura del código GTIN-13.

Para facilitar la organización GS1 del código de producto, es necesario que las empresas realicen un trabajo previo de organización de su base de datos, de forma que puedan referenciar todos sus productos y variantes siguiendo los principios de no ambigüedad y no duplicidad. El dígito de control, dígito trece, se calcula en base al resto de los doce dígitos, tal como se ve en la figura 21.4.

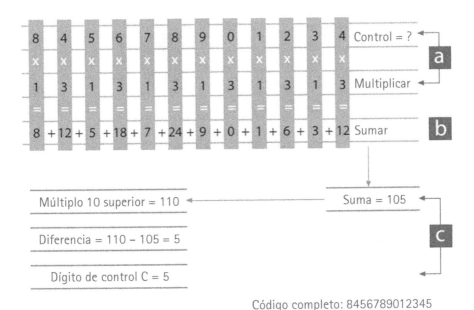

Figura 21.4. Cálculo del dígito de control del código.

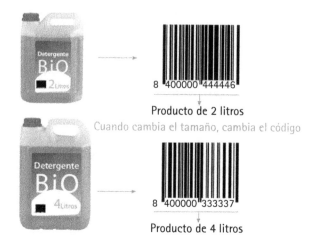

Figura 21.5. Modificación del código GTIN-13 por volumen.

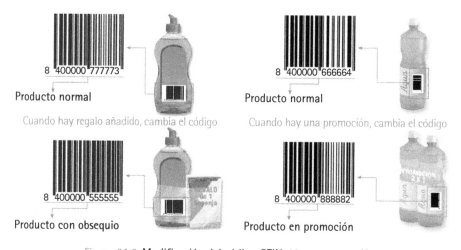

Figura 21.6. Modificación del código GTIN-13 por agrupación.

El GTIN-13 ha de modificarse (se ha de pedir nuevo código) siempre que exista alguna de las siguientes causas:

- Si existe un cambio de atributos, ya sea de tallas, colores, aromas, etc.
- Si hay un cambio de dimensiones o de peso.
- Si se crean envases múltiples (por ejemplo, un dos por uno) o envases indivisibles.
- Si se producen cambios físicos en el envase o embalaje del producto.

- Si se produce una modificación de la fórmula o composición del producto.
- Si hay añadidos que modifiquen las dimensiones (por ejemplo, ofertas de productos que se adjuntan a otros).

- **GTIN-14**

    Es un código de barras creado por la propia empresa como unidad comercial de distribución a partir del GTIN-13 añadiendo un digito más y realizando una serie de modificaciones que se explican más adelante. Sirve para facilitar la trazabilidad, control y gestión, a nivel de distribución y almacenaje. El GTIN-14 está destinado una agrupación de unidades de consumo y su función es facilitar la manipulación de estas, ya sea en la distribución, en la preparación de pedidos, en el almacenaje o en la recepción. Todas las agrupaciones pueden ser separadas en las unidades de consumo que la conforman. Al utilizar el código GTIN-14 en dichas agrupaciones, se está facilitando la información del producto unitario, pues contiene el código GTIN-13. El código GTIN-14 se crea realizando los siguientes pasos:

    - En primer lugar, se elimina el dígito de control que hay al final de la base del GTIN-13.
    - Luego se añade, al inicio de los doce dígitos, un dígito del uno al nueve, que es la variable logística que referencia la empresa, teniendo presente los principios de no ambigüedad, no duplicidad y que el nueve es para productos con peso variable.[3]

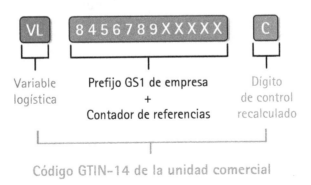

Figura 21.7. **Formación del código GTIN-14.**

---

[3] Se puede solicitar a las entidades gestoras de las normas GS1 en cada país la guía de codificación de artículos de peso variable.

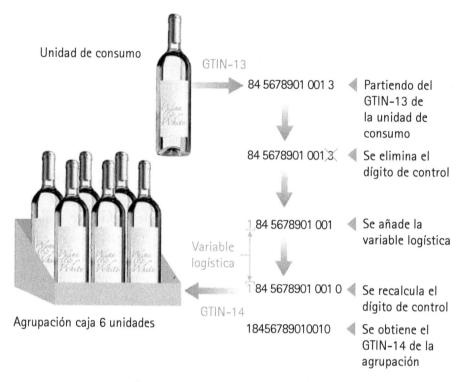

Figura 21.8. Creación del código GTIN-14.

- Por último, se recalcula el digito de control con la nueva composición, teniendo presentes los trece números actuales y realizando el mismo cálculo que en el GTIN-13. El dígito resultante del cálculo se coloca al final y de esta manera se obtienen los catorce dígitos finales del GTIN-14.

En la figura 21.8 se presenta un ejemplo gráfico de cómo pasar del producto unitario de consumo, código GTIN-13, al producto en su agrupación logística, código GTIN-14.

- **GS1-128**

  Es una aplicación estándar de GS1 para la transmisión de información entre los agentes de la cadena de suministro, bajo las especificaciones del código de barras. Complementa en la cadena de suministro los códigos anteriormente citados, GTIN-13 y GTIN-14, añadiendo más información relativa al producto, como el lote, la caducidad, la fecha de producción, la

Figura 21.9. Composición del código GS1-128.

fecha de envasado, etc. Siguiendo la sistemática del código de barras y la sistemática GS1, esta información se facilita de forma modular y estandarizada a nivel global mediante los identificadores de aplicación (IA). Estos son unos prefijos numéricos que van dentro de paréntesis, creados para dar significado inequívoco a los elementos y el formato de datos estandarizados e internacionalizados que están a continuación. Otra de sus características es la concatenabilidad, es decir, la posibilidad de encadenar diversas informaciones en un solo código, creando una cadena con toda ellas. Actualmente hay más de ciento cincuenta IA que abarcan todas las posibilidades logísticas, administrativas, comerciales y de facturación.

Es un sistema identificativo que se utiliza para el entorno logístico y de la cadena de suministro, pero no para el entorno detallista. Es ideal para la identificación de cajas y palés que viajan y se mueven dentro de una cadena de suministro. En el sector de gran consumo el GS1-128 se emplea sobre todo para la trazabilidad o seguimiento de productos mediante la identificación única de cada bulto o unidad de expedición a través de una matrícula, en concreto, el código IA(00).[4]

Los IA logísticos más habituales son:

- Código seriado de la unidad de envío.
- Código GTIN-13.
- Código GTIN-14.

---

[4] Conocido como *serial shipping container code* o código seriado unidad de envío.

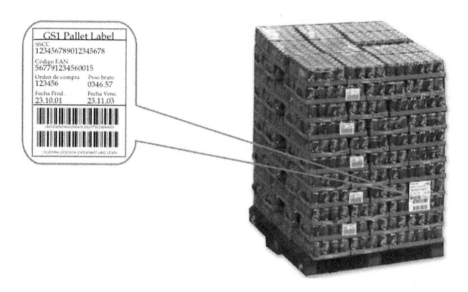

Figura 21.10. Identificación de palé con código GT1-128.

- (10) Número de lote o partida.
- (11) Fecha de producción.
- (13) Fecha de envasado.
- (15) Fecha mínima duración.
- (17) Fecha máxima duración.
- (30) Cantidad variable.
- (37) Cantidad.

Los IA de medidas comerciales y logísticas están entre el (310n) y el (369n) y se referencian para los diferentes sistemas, ya sean las métricas que se utilizan en Europa o las de los países de habla inglesa como Estados Unidos, por ejemplo:

- El (310n) es el peso neto en kilogramos.
- El (320n) es el peso neto en libras.
- El (356n) es el peso neto en onzas.
- El (330n) es el peso bruto en kilogramos.
- El (311n) es la longitud en metros.
- El (312n) es la anchura en metros.
- El (313n) es la altura en metros.

- El (315n) es el volumen neto en litros.
- El (316n) es el volumen neto en metros cúbicos.
- El (360n) es el volumen neto en cuartos.
- El (361n) es el volumen neto en galones (Estados Unidos).
- El (364n) es el volumen neto en pulgadas cúbicas.
- El (365n) es el volumen neto en pies cúbicos.
- El (366n) es el volumen neto en yardas cúbicas.

- **QR**

El código QR *(quick response code)* o código de respuesta rápida, también llamado código de barras bidimensionales, es un módulo para almacenar información en una matriz de puntos. Fue creado en 1994 por una compañía japonesa subsidiaria de Toyota. Su objetivo es facilitar la lectura a alta velocidad. En Japón es el código más utilizado. Aunque inicialmente se usó para registrar repuestos en el área de la fabricación de vehículos, hoy los códigos QR se utilizan para la administración de inventarios en una gran variedad de industrias. En algunos almacenes se están realizando pruebas para cambiar el código GS1-128 por el QR. La capacidad del código QR está entre los cuatro mil y los siete mil caracteres. Reduce los errores de lectura, ya que se disminuye la pérdida de datos causada por fallos de impresión a dobleces. El espacio necesario para la impresión de este código es mucho menor que el que se requiere para el GS1-128. Es alfanumérico, de código abierto. Muy fácil de crear, no requiere ningún tipo de máquina especial. Actualmente estos códigos se pueden leer desde el *smartphone*, el ordenador o la tableta, con aplicaciones o apps simples y gratuitas, que facilitan la lectura.

Figura 21.11. **Ejemplo de código QR.**

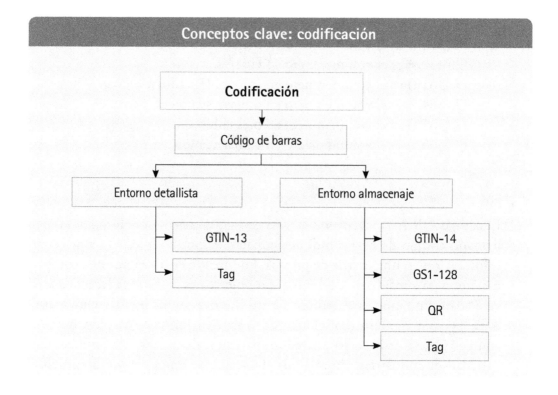

2 RFID

La RFID *(radio frequency identification* o identificación por radiofrecuencia) es una de las tecnologías que ha facilitado un mayor avance en la gestión, el control y la eficiencia del almacén. Se trata de un sistema de almacenamiento y recuperación de datos remoto que usa diferentes dispositivos, entre ellos etiquetas, tarjetas y tag. Utiliza las ondas de radio para emitir y recibir la identidad de un objeto. Algunas de las ventajas de la RFID con respecto a los lectores infrarrojos y los códigos de barras son:

- No necesita una visión directa entre el emisor y el receptor.
- Puede almacenar una mayor cantidad de datos.
- Permite añadir, modificar y eliminar datos durante su paso por la cadena de suministro.

La RFID facilita la comunicación de los sistemas lectores y receptores con el sistema informático sin necesidad de cables. Recibe y transmite información en tiempo real a toda la organización.

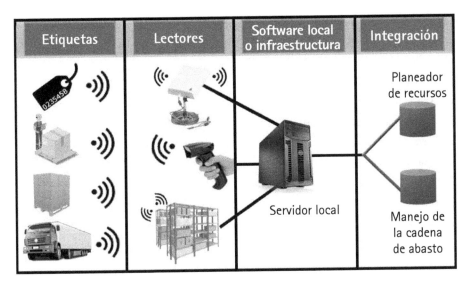

Figura 21.12. Funcionamiento del RFID.

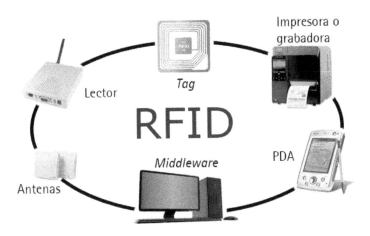

Figura 21.13. Funcionamiento del RFID.

La transmisión de la información en tiempo real permite a las organizaciones controlar, de forma más eficiente, las existencias del almacén, ajusta las compras y reduce la posibilidad de tener productos obsoletos o caducados. Facilita información al cliente para hallar soluciones a medida de sus necesidades, reduce los costos y agiliza la gestión global de la empresa.

Las ventajas de unir la tecnología RFID y las etiquetas inteligentes o tag en el mundo empresarial son muy variadas, por ejemplo:

- Reduce los tiempos para hacer inventarios y los hace más precisos.
- Facilita el control y la gestión del almacén y de sus operaciones de forma más eficaz y eficiente.
- Trabaja en tiempo real.
- Agiliza el control y la gestión de las compras.
- Facilita la gestión y el control de las personas.
- Controla y gestiona los recursos materiales.
- Agiliza la gestión y el control de flotas.
- Permite informar a los clientes en todo momento.
- Facilita la gestión sin papeles, reduciendo los errores y ayudando a mejorar el medioambiente.

3 Tag

Las etiquetas inteligentes, también llamadas tag o transpondedores, son unos dispositivos, normalmente etiquetas, que se adhieren a los artículos, embalajes o unidades de carga y que incorporan un chip y una antena, mediante los cuales se recibe, guarda y envía información a un sistema de emisión y recepción de RFID.

Esta sistemática de RFID y tag comporta importantes ventajas para la gestión de las empresas y sobre todo en la logística de la cadena de suministro:

- Al ser un chip, es capaz de almacenar más información que los códigos de barras o códigos QR.

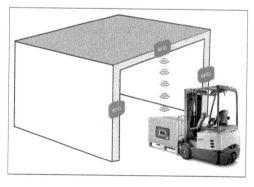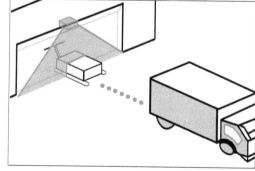

Figura 21.14. Ejemplo de funcionamiento en el almacén con RFID y tag.

- Puede guardar e intercambiar información, enviar y recibir, durante toda la cadena de suministro.
- Es fácil de leer por dispositivos RFID, sin necesidad de visión directa, aunque las etiquetas estén dentro de las cajas o junto a otras diferentes.

La expansión a nivel global de las etiquetas inteligentes tropieza con tres obstáculos. En primer lugar, no ofrecen fiabilidad total, es decir, no hacen siempre una lectura a la primera. Por otro lado, los tag pueden ser leídos por terceros con un simple escáner con RFID. Esto resulta más difícil de solucionar, ya que afecta a la libertad de las personas y a su derecho de protección de datos. Por último, su costo aún es elevado.

Las etiquetas inteligentes y la RFID son unas tecnologías incipientes que están en constante evolución. Se utilizan en campos distintos a los del almacenaje y la distribución en toda la cadena de distribución. Por ejemplo, en medicina, para el control de pacientes; en veterinaria, para el control o censo de animales; y en automoción, incorporadas en las llaves de muchos vehículos.

Existen tres tipos diferentes de tag dependiendo de la tipología de alimentación que tengan y su funcionalidad:

- **Tag pasivos:** no disponen de alimentación eléctrica. Solo responden si reciben la señal del emisor-receptor que ha de estar entre los 10 cm (ISO 14443) y unos pocos metros (EPC e ISO 18000-6) de distancia, dependiendo del tamaño de la antena. Pueden ser muy pequeños y su costo es bajo.

- **Tag semipasivos:** disponen de una fuente de alimentación propia, que sirve principalmente para alimentar al microchip, pero no para transmitir la señal.

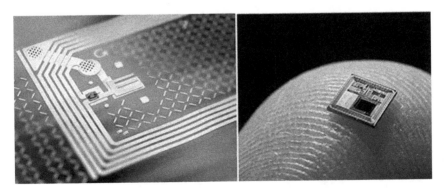

Figura 21.15. Etiqueta inteligente de RFID.

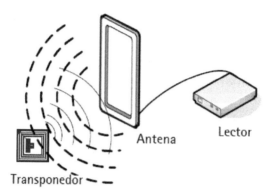

Figura 21.16. Funcionamiento de los tag.

Esto permite que su ratio de lectura sea mayor y más fuerte. Son más fiables y pueden contener más información que los tag pasivos. La durabilidad de la batería o fuente de alimentación es muy elevada.

- **Tag activos:** igual que los semipasivos, disponen de alimentación autónoma mediante una batería o pila. Son los más fiables, por su facilidad para conectarse con el emisor-receptor y su mayor potencia. Resultan especialmente útiles en entornos difíciles, como el agua o con fuentes muy fuertes de hierro y derivados, que en los tag anteriores dificultan o impiden transmitir y recibir información. Al ser más potentes, su radio de acción es mayor. Son más grandes que los pasivos y su costo es bastante más elevado. Pueden integrar

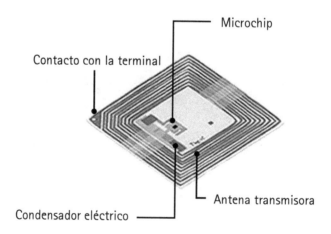

Figura 21.17. Etiqueta inteligente o tag.

Figura 6.19. **Etiqueta inteligente o tag semipasivo.**

Figura 6.18. **Etiqueta inteligente o tag pasivo.**

sensores, por ejemplo, de humedad, vibraciones, luz y temperatura. Tienen una capacidad de almacenamiento elevada y pueden incorporar datos enviados mediante el emisor-receptor. La batería dura varios años, menos que la de los tag semipasivos.

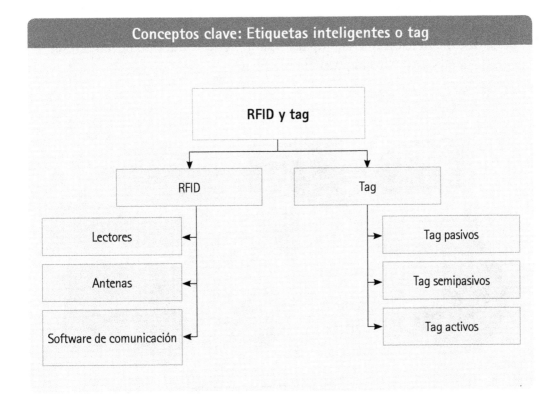

Capítulo 22

La información y documentación que acompaña la mercancía

La documentación es una parte importante en los flujos de la mercancía ya que contiene información del producto, del remitente y del receptor. Se puede englobar en dos grandes grupos:

- La información que va en el producto, ya sea incluida en él, en el envase o en el embalaje.
- La documentación que acompaña a la mercancía durante el trayecto en la cadena de suministro hasta el cliente final.

Figura 22.1. Etiquetas de envase del producto.

1 La información que va en el producto

La información que va en el producto, en su envase o en su embalaje, ya sea pegada como una etiqueta o impresa en él, se puede agrupar en:

- Información en el envase o el embalaje a nivel primario.
- Información en el embalaje de nivel secundario.
- Información en el embalaje de nivel terciario.

1.1 Información en el envase o el embalaje de nivel primario

La información que va en el envase individual del producto y en el embalaje de nivel primario unitario, ya sea en formato etiqueta, ya sea impresa directamente, normalmente incluirá la marca y el nombre del producto, la descripción del contenido y su composición, el nombre de la empresa fabricante y, en algunos casos, el código identificativo del producto GTIN-13. También puede incorporar otros datos, como el lote o su caducidad, e información de seguridad o relacionada con cualquier aspecto significativo para la persona que finalmente vaya a consumirlo, en función de la normativa legal sobre cada producto y de cada país.

La información mínima que ha de contener el etiquetaje viene establecida por las normativas legales. En los países europeos, por ejemplo, está regulada por la aplicación de las diferentes directivas de la Unión Europea. Existen directivas para productos alimenticios, textiles, calzado, cosméticos, sustancias peligrosas, sustancias químicas

Figura 22.2. Impresión directa de la información en el envase del producto.

o detergentes, entre otros. También están regulados el etiquetado energético de los electrodomésticos, las etiquetas ecológicas o el marcado CE (Conformidad Europea), que certifica que el producto comercializado cumple con la legislación obligatoria en materia de requisitos esenciales. Estas normativas se actualizan periódicamente, ya que su objetivo principal es informar a los clientes finales, siguiendo la política de protección a las personas consumidoras.

Por otro lado, el etiquetaje también constituye una tarjeta de presentación de la empresa y garantiza la calidad y procedencia del producto.

Las figuras 22.1 a 22.5 son ejemplos de la información que se puede ofrecer a través del envase o embalaje primario.

1.2 Información en el embalaje de nivel secundario

Además de informar sobre el producto en sí, la principal función de la información que se coloca en el embalaje de nivel secundario, como una etiqueta o impresa directamente, es facilitar información a los agentes de la cadena de suministro y cumplir así con las normativas o recomendaciones legales. En este nivel secundario, la información que contiene la etiqueta o el embalaje impreso está destinada a facilitar los movimientos, la gestión y el control de la cadena de suministro, sobre todo en su parte final de distribución capilar o última milla.

El embalaje secundario, además de proteger el producto y el envase primario, actúa como elemento de mercadotecnia, ya que visibiliza la marca de la empresa fabricante y el producto en toda la cadena de suministro, aspecto especialmente importante en la parte final de la cadena, en el punto de venta. Incluye datos como la referencia del producto,

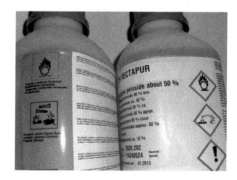

Figura 22.3. **Etiqueta de producto químico, con los pictogramas y la información que establece la ley.**

La información y documentación que acompaña la mercancía 197

Símbolo	Instrucción	Significado	Símbolo	Instrucción	Significado
	Frágil	El contenido del embalaje es frágil y se debe manejar con precaución		No usar carretilla elevadora	La carga no se debe manipular con carretilla elevadora
	No usar garfios	No se pueden usar garfios en el manejo de la carga		Colocar mordazas aquí	Colocar las abrazaderas en los lados que se indica para manipular la carga
	Mantener vertical	La unidad de carga se debe mantener en posición vertical		No colocar mordazas aquí	No colocar las abrazaderas en los lados que se indica al manipular el embalaje
	Proteger de la luz solar	La carga no se debe exponer a la luz solar u otras fuentes de calor	kg máximo	Apilamiento limitado	Indica el peso máximo posible sobre la unidad de carga
	Proteger de fuentes radioactivas	La mercancía se puede deteriorar o quedar inutilizada si se expone a radiaciones		Apilamiento limitado por número	Número máximo de embalajes iguales que se pueden apilar (n=número máx)
	Mantener a resguardo de la lluvia	La carga debe mantenerse en un ambiente seco		No apilar	No se debe apilar ninguna otra carga encima
	Centro de gravedad	Indica el centro de gravedad de la unidad de carga		Eslingas aquí	Indica dónde se deben emplazar las eslingas para elevar la carga
	No rodar ni inclinar	La carga no se debe rodar ni inclinar o balancear			
	No manipular con las horquillas en esta cara	Caras de la unidad de carga donde no se deben colocar las horquillas de las carretillas manuales		Límites de temperatura	Límites de temperatura entre los que se debe conservar y manipular la carga

Figura 22.4. **Símbolos utilizados para identificar las unidades de carga y facilitar la manipulación de los envases y embalajes (norma ISO 780).**

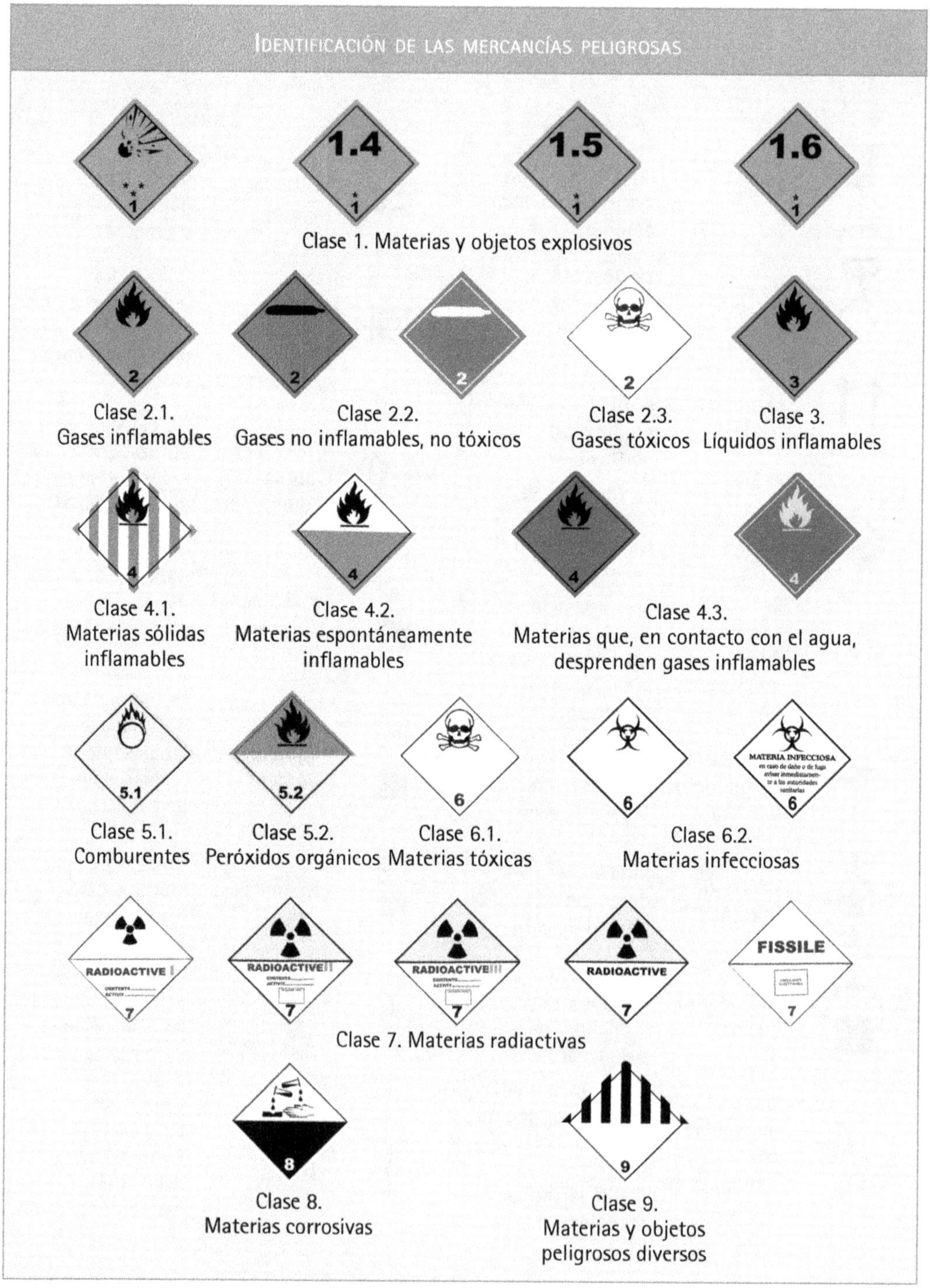
IDENTIFICACIÓN DE LAS MERCANCÍAS PELIGROSAS
1.4
1.5
1.6
Clase 1. Materias y objetos explosivos
Clase 2.1.
Gases inflamables
Clase 2.2.
Gases no inflamables, no tóxicos
Clase 2.3.
Gases tóxicos
Clase 3.
Líquidos inflamables
Clase 4.1.
Materias sólidas inflamables
Clase 4.2.
Materias espontáneamente inflamables
Clase 4.3.
Materias que, en contacto con el agua, desprenden gases inflamables
5.1
5.2
Clase 5.1.
Comburentes
Clase 5.2.
Peróxidos orgánicos
Clase 6.1.
Materias tóxicas
MATERIA INFECCIOSA
Clase 6.2.
Materias infecciosas
RADIOACTIVE
RADIOACTIVE
RADIOACTIVE
RADIOACTIVE
FISSILE
Clase 7. Materias radiactivas
Clase 8.
Materias corrosivas
Clase 9.
Materias y objetos peligrosos diversos

Figura 22.5. Símbolos utilizados para la identificación de las mercancías peligrosas.

Figura 22.6. **Etiqueta de caja.**

Figura 22.7. **Impresión de código de barras e información en la caja de embalaje secundario.**

el nombre, el lote, la caducidad o fecha de consumo preferente, la empresa proveedora, el peso, las dimensiones, los códigos de barras GTIN-14 y GS1-128, y la cantidad de producto unitario, así como información especial relacionada con la seguridad, la peligrosidad del producto, la posición que ha de mantener y el peso máximo soportable. Esta información, sobre todo los códigos de barras, facilita la gestión y el control de las unidades logísticas en los diferentes procesos, entre ellos el transporte, el almacenaje y la preparación de pedidos, a la vez que reduce la posibilidad de errores y los tiempos en los procesos. En definitiva, contribuye a rebajar costos y aumentar la productividad.

Las figuras 22.6 a 22.9 son ejemplos de información que se puede ofrecer a través del embalaje secundario.

Figura 22.8. **Etiqueta tipo Odette de bulto.**

Figura 22.9. **Etiquetas de caja con código de barras GS1-128 y pictogramas informativos sobre cómo almacenar y transportar la caja.**

1.3 Información en el embalaje de nivel terciario

Adicionalmente a identificar el producto, la principal función de la información colocadas en el embalaje de nivel terciario, habitualmente en forma de etiqueta, es facilitar información a la cadena de suministro y cumplir con unas normativas o recomendaciones legales. En este nivel, la etiqueta va destinada a las operaciones logísticas, y tiene como principal finalidad la gestión y el control de las entradas, salidas y movimientos internos del almacén, y la preparación de los pedidos.

Aunque no existe una normativa específica, existen recomendaciones de asociaciones empresariales que indican dónde se ha de ubicar la etiqueta y los datos mínimos a incluir, por ejemplo, las referencias de los productos, el proveedor, el nombre, el lote, la caducidad o la fecha de consumo preferente, el peso, las dimensiones, los códigos de barras GS1-128, la cantidad e información especial relacionada con la seguridad y los peligros que comporta el producto. Esta información, sobre todo los códigos, facilita la gestión y el control de los diferentes procesos, las entradas, las salidas, el transporte y el almacenaje, a la vez que reduce errores y tiempos, aumentando la productividad y rebajando costos.

Las figuras 22.10 y 22.11 son ejemplos de información en el embalaje terciario.

Figura 22.10. Etiqueta palé monoreferencia preparado para el envío al cliente.

Figura 22.11. Ejemplos de etiqueta palé.

2 La documentación que acompaña al producto

Se pueden distinguir dos tipos de documentación que acompaña a la mercancía:

- La documentación administrativa que acompaña a la mercancía cuando se entrega al cliente pero que no va adherida físicamente o pegada al producto o su embalaje.
- La documentación que puede acompañar al producto durante el proceso o los procesos internos.

Los documentos administrativos y de gestión más comunes son el albarán, la documentación de transporte, las facturas y la documentación relacionada con los movimientos internos de la empresa.

2.1 El albarán

Puede contener diferentes datos, como la marca y el nombre del producto, la empresa fabricante o distribuidora, la referencia, la cantidad, una descripción, el código GTIN-13 e información especial, como lote, caducidad y recomendaciones de seguridad, siempre en función de la normativa legal de cada producto y país. Puede incluir el precio del producto o no. También indicará a quién o qué empresa se ha de entregar (el cliente), así como datos y tipología de la empresa transportista, características especiales del transporte (por ejemplo, la temperatura) y la regla Incoterms acordada entre la empresa vendedora y la compradora.

> **Qué son las reglas Incoterms**
> Las reglas Incoterms, publicadas por la Cámara de Comercio Internacional, expresan las obligaciones y los derechos que aceptan las partes compradora y vendedora en cuanto a las distintas fases del proceso de transporte elegido y las condiciones acordadas para la entrega de las mercancías. El punto de entrega varía y puede ir desde el propio domicilio de la empresa expedidora hasta el destino final que determine la compradora.

El albarán es un documento muy importante, ya que constituye la confirmación de entrega del producto al cliente. Ha de ser sellado y firmado por este cuando se le entrega la mercancía, y retornar a la empresa como justificante de su recepción. Por esta razón, normalmente existen diferentes copias del mismo, una para el cliente, otra para la empresa proveedora, en algunos casos otra para la transportista, e incluso copias para terceros como las aduanas.

Es importante anotar en el albarán o en la carta de porte toda la información, las observaciones pertinentes y las incidencias ocurridas, tanto en la carga como en la descarga e incluso durante el transporte. De esta forma, si hay que realizar o recibir alguna reclamación o hacer constar algún problema en el transporte o en el producto, esto estará documentado.

Aunque las normativas pueden variar según el país, en el caso de España, por ejemplo, el plazo para reclamar si se produce un problema visible en el transporte es relativamente corto, de 24 a 48 horas (siete días para problemas ocultos o no visibles). Por esta razón se deben anotar todas las incidencias en el albarán o la carta de porte, que será firmado por las partes implicadas, normalmente, el receptor de la mercancía y el transportista, si está presente en la descarga. De esta manera, quedará notificada automáticamente la disconformidad, lo que permitirá hacer los trámites pertinentes de reclamación.

Existen numerosos modelos de albaranes, ya que cada empresa y cada sistema informático emiten uno diferente. Incluso se venden cuadernos preimpresos para rellenar de forma manual. De hecho, no hay ningún tipo de normativa al respecto, sino que se han establecido los datos mínimos que ha de incluir, como el nombre del cliente, la dirección de entrega, la referencia del producto, la descripción o concepto, la cantidad e informaciones específicas o especiales del producto, como caducidad, lote, nombre y dirección de la empresa que lo envía, número de albarán, fecha y número de pedido (véase la figura 22.12).

+i **Qué es la carta de porte**
Es el documento mediante el que se formaliza el contrato de transporte de mercancías por carretera entre la empresa expedidora y la transportista. Acompaña a la mercancía y debe ser custodiado por la persona que conduzca el vehículo

LAZURO

Calle Maria Moliner, 4
44300 Monreal del Campo
Tel. 978 86 35 11
e-mail: jabondehospitalidad@gmail.com

Nº Albarán:
Fecha:

Remitente: ________________ N.I.F/C.I.F.: ________________
Domicilio: ________________ Localidad: ________________ C.P.: ________________

Consignatario: ________________ N.I.F./C.I.F.: ________________
Domicilio: ________________ Localidad: ________________ C.P.: ________________

CÓDIGO	DESCRIPCIÓN ARTÍCULO	Nº UNIDADES	PRECIO	IMPORTE

Figura 22.12. Modelo de albarán.

2.2 Documentación de transporte

Los documentos más usuales en los distintos modos de transporte de mercancías son:

- Carta de porte, para el transporte nacional por carretera.
- Carta de porte CMR (en el caso de Europa), para el transporte internacional por carretera.
- Carta de porte CIM para transporte internacional por ferrocarril.
- Certificado ADR, para el transporte de productos peligrosos por carretera.
- Carnet TIF para el transporte ferroviario internacional.
- Carnet TIR para el transporte internacional por carretera (en el caso de Europa).
- Conocimiento de embarque aéreo o AWB *(air waybill).*
- Conocimiento de embarque marítimo o BL *(bill of lading).*

2.3 Facturas y otros documentos

En algunos casos, junto a la mercancía puede viajar la factura, por ejemplo, cuando se entregan productos comprados a través de comercio electrónico y se

CONFECCIONES "SAN JORGE" S.A.C.

Calle Real Nº 1045 - Huancayo

R.U.C.: 20248454753

FACTURA

Nº 001 - 0000765

Huancayo, 15 de octubre del 2013

Señor (es): Gloria Meza Artica RUC 10198056570

Dirección: Av. Giraldez Nº 458 - Huancayo G. REMISIÓN: ________

CANTIDAD	DESCRIPCIÓN	PRECIO UNITARIO	VALOR DE VENTA
04	Chompas de dralom	70.00	280.00
02	Chompas de Orlon	50.00	100.00
05	Chompas de lana de alpaca	120.00	600.00
Son: Un mil ciento cincuenta y seis con 40/100 nuevos soles			
		Sub Total	980.00
		IGV 18 %	176.40
		Total S/.	1,156.40

RUC 20545454876
Serie 001 del 0001 al 1000
F.I. 17 08 2013
NRO. AUT. 0123456789

CANCELADO

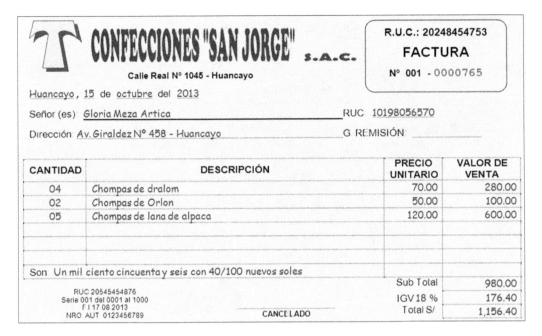

Figura 22.13. Modelo de factura.

Listado de Picking **90959**

Tipo Bloque (PK) PK — VP20125076 / VP20125076 — 0 000000 909594

Alm.	Pas.	Col.	Niv.	Pos.	Artículo	Descripción	Lote	Cantidad		Bulto
MUEN	01	01	01	OV	021ORGO-P-	Equivalenza Nº 021ORGO - 250 ml		1 Un	(1)	5
PK	00	00	00	OV	055FLFR-F	25 Etiquetas ingredientes 055FLFR		1 Un	(1)	4
				OV	075FLFL-F	25 Etiquetas ingredientes 075FLFL		1 Un	(1)	4
				OV	144ORES-F	25 Etiquetas ingredientes 144ORES		2 Un	(2)	4
				OV	269AMES-F	25 Etiquetas ingredientes 269AMES		2 Un	(2)	4
				OV	278AMAR-F	25 Etiquetas ingredientes 278AMAR		1 Un	(1)	4

Bloques Relacionados:

T.B.	Bloque	Observaciones	Estado
PA	90958	VP20125076 / VP20125076	Sirviéndose

Figura 22.14. Modelo de listado de extracción de mercancías o picking.

Listado de Envíos por Agencia

Agencia: ENVIALIA24H
Envío: 2
Fecha Emisión: 12/11/2013

Expedición	Packing List	Cliente	Dirección	C. Postal	Población	Bultos	Peso	Importe-Por.
VP20104291	170	(187)Castelldefels-	C/Pompeu i Fabra 18,	08860	CASTELLDEFE	2 bultos	0 Kg	0 €
VP20104292	171	(415)Caceres-MM-	CCRuta de la Plata C/Londres nº1	10005	CACERES	7 bultos		
VP20104293	172	(399)Zaragoza-	Pso. Independencia 16	50004	ZARAGOZA	12 bultos		
VP20104294	173	(345)Sant Boi - C.C.	C.C. ALCAMPO AVDA.DE LA MARINA S/N	08830	SANT BOI DE	1 bultos		
VP20104295	181	(513)Priego de Cordoba-	C/ Lozano Sindro, 9 - Bajo	14800	Priego de	10 bultos		
VP20104296	178	(345)Sant Boi - C.C.	C.C. ALCAMPO AVDA.DE LA MARINA S/N	08830	SANT BOI DE	1 bultos		
VP20104300	224	(187)Castelldefels-	C/Pompeu i Fabra 18,	08860	CASTELLDEFE	4 bultos		
VP20104301	208	(641)Santiago de	Av Camino Frances,3 As Cancelas.	15703	SANTIAGO			
VP20104303	225	(308)Majadahonda-	C/ Gran Via 42	28220	MAJADAHOND	8 bultos	4 Kg	
VP20104306	230	(256)Huelva-	Cl Arquitecto Pérez Carasa, 15	21001	Huelva	14 bultos	2 Kg	
VP20104310	201	(691)Torrevieja-Caballero	C/Caballero de Rodas,20	03180	Torrevieja	2 bultos	0 Kg	
VP20104314	203	(607)Utebo - Avda.	Avda. Buenos Aires Nº 2	50180	Utebo	4 bultos	6 Kg	
VP20104316	204	(555)Ubeda - Obispo	C/ Obispo Cobos 33	23400	Ubeda	3 bultos	0 Kg	
VP20104320	248	(677)Utrera - Las	C/ Las Mujeres, 2 - 4	41710	UTRERA	4 bultos		
VP20104321	229	(626)Madrid - Antonio	C/ Antonio Machado 14	28035	MADRID			

Total expediciones: 15 **Total bultos:** 200 bultos **Total pesos:** 26 Kg

Figura 22.15. Modelo de listado de transporte.

emiten facturas impresas. En otros casos, como en el transporte internacional, es obligatorio que la mercancía vaya acompañada de la factura, por ejemplo, cuando aquella haya de pasar por la aduana. La factura ha de incorporar toda la información del albarán, incluyendo su número, y, lógicamente, el valor monetario del producto, los impuestos correspondientes, la forma de pago, etc. (véase la figura 22.13).

También se utiliza documentación en algunos movimientos internos de la empresa. Por ejemplo, en los listado de extracción de mercancías *(picking)*, de transporte o de inventarios, los cambios de ubicaciones, etc. Esta documentación puede ser digital o impresa, como por ejemplo, la que utiliza lectores de códigos de barras. Es una sistemática que facilita el control y la gestión del almacén, las salidas y los movimientos internos de los productos.

Toda la documentación y la información puede ser encriptada o codificada, por ejemplo, mediante un sistema de códigos de barras, la más habitual actualmente, que proporciona mucha información en un espacio reducido.

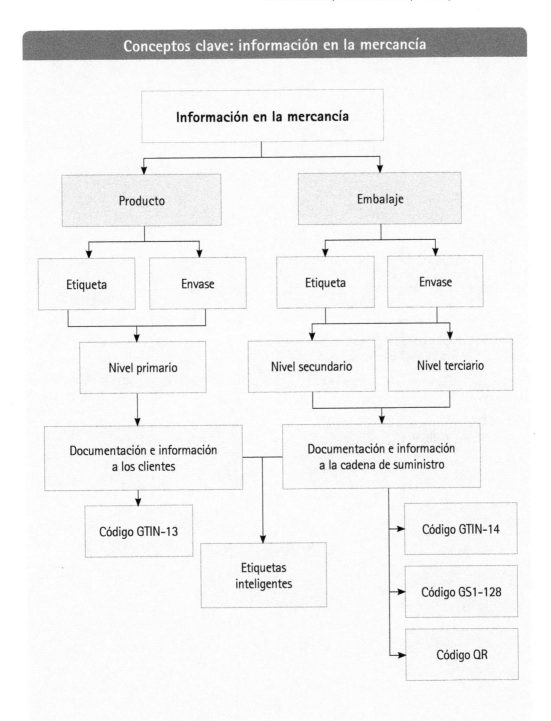

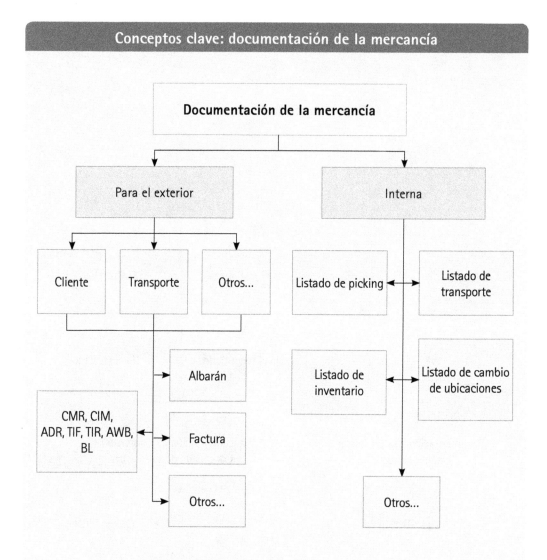

Capítulo 23
Envase y embalaje

El envase es cualquier recipiente (lata, caja, botella u envoltorio) o sistema, sea del material que sea, que contiene, guarda, almacena y protege el producto de forma directa, para conservar sus cualidades y facilitar su venta unitaria. El envase está diseñado para constituir una unidad de venta destinada a las personas que han de consumir un producto. Se puede distinguir entre envase primario, secundario y terciario, que normalmente coincide con el embalaje primario.

El embalaje es cualquier recipiente o sistema, de cualquier tipo de material, que almacena y protege al producto y su envase y que facilita la gestión del mismo en la

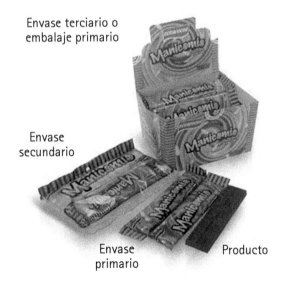

Figura 23.1. Envases primario, secundario y terciario de un producto.

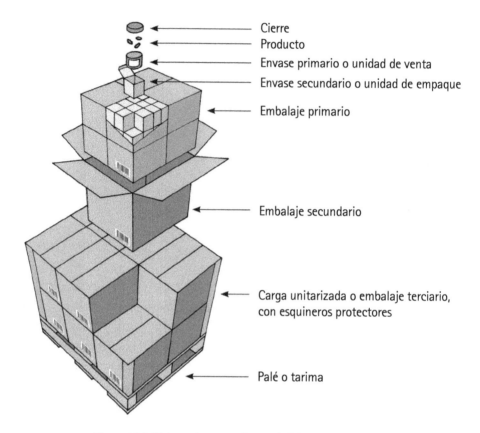

Figura 23.2. **Sistema de envasado y embalaje de un producto para formar una unidad de carga sobre un palé.**

cadena de suministro. El embalaje está diseñado para constituir en el punto de venta una agrupación de un número determinado de unidades de venta, tanto si va a ser vendido como tal a las personas que han de consumir un producto, como si se utiliza únicamente para reaprovisionar los lineales en el punto de venta. Habitualmente, el embalaje puede separarse del producto sin afectar a las características del mismo. También es embalaje todo lo que facilite la manipulación y el transporte, como los palés de varios embalajes, y que proteja el producto durante su transporte y manipulación.

1 El espacio modular

Los envases y embalajes deben diseñarse de manera modular para conseguir unidades de carga eficientes, tanto en el transporte como en el almacenaje del producto. Según

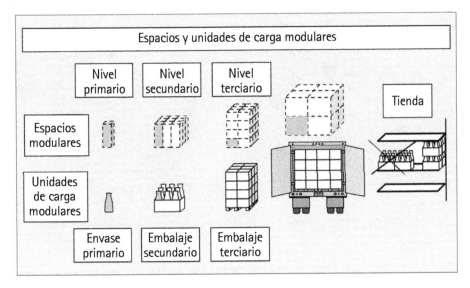

Figura 23.3. Niveles de envase y embalaje en la cadena de suministro
(fuente: Recomendaciones de AECOC para la logística).

las recomendaciones de AECOC (Asociación Española de Fabricantes y Distribuidores) para la logística, «la unidad de carga es eficiente cuando su configuración optimiza el transporte, el almacenaje y la manipulación que se dan en cada uno de los procesos respectivos de proveedor y distribuidor. En muchos casos, cada una de estas dos partes de la cadena de suministro plantea diferentes necesidades y formas de operar que impiden la continuidad de la configuración inicial de la unidad de carga en el entorno detallista. Factores inherentes a las instalaciones de los fabricantes, el transporte, la categoría de productos, los centros de distribución de distribuidores, los formatos de tienda, la rotación de producto y los métodos de manipulación requieren de configuraciones de unidades de carga diferentes para un mismo proceso. Para tales circunstancias se necesita, en función de los impactos de costos de las unidades de carga, aplicar la configuración óptima que más rentabilice el proceso de proveedor y distribuidor en la cadena de suministro».

2 Tipos de palés

2.1 Europalés

En Europa, los espacios modulares se basan en la norma ISO3394. Se parte de las medidas del palé europeo o europalé, de 1.200 × 800 mm. Los embalajes y los envases

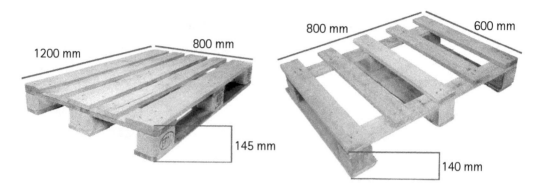

Figura 23.4. Palé europeo o europalé.　　　　Figura 23.5. Medio palé europeo.

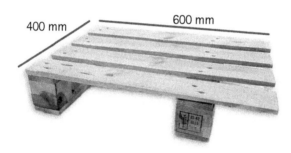

Figura 23.6. Cuarto de palé europeo.

han de ser múltiplos de estas medidas para que se puedan ubicar encima del palé sin que sobresalgan. Si se divide el lado más largo del europalé por la mitad, se obtiene el medio palé (800 mm × 600 mm). Si se divide el europalé por la mitad por los dos lados, nos queda un cuarto de palé (600 mm × 400 mm), que no es una medida muy habitual pero que puede ser útil en algunos casos. En la tabla 23.1 aparecen los diferentes múltiplos y submúltiplos del módulo patrón siguiendo la norma ISO3394.

2.2 Palés americanos

Las medidas del palé americano o estándar son un poco diferentes de las del europalé: 1.200 mm × 1.000 mm.

La modularidad del embalaje, ya sea europalé o palé americano, facilita el almacenaje y el transporte (por ejemplo, maximiza la ocupación), estandariza la

Múltiplos - Módulo patrón 600 × 400 (mm)			
1.200 × 800 (mm) - 4 módulos		800 × 600 (mm) - 2 módulos	
Submúltiplos (mm)			
600 × 400	600 × 200	600 × 133	600 × 100
300 × 400	300 × 200	300 × 133	300 × 100
200 × 400	200 × 200	200 × 133	200 × 100
150 × 400	150 × 400	150 × 133	150 × 100
120 × 400	120 × 400	120 × 133	120 × 100

Tabla 23.1. Tamaños modulares del palé europeo, según la norma ISO 3394.

tipología de las estanterías y los recursos materiales, como la maquinaria, favorece la seguridad al conseguir cargas más equilibradas y asentadas, y permite reducir los costos a la empresa.

Las cargas paletizadas han de cumplir los siguientes requisitos para conseguir que la gestión sea más eficaz y el espacio más eficiente:

- **La mercancía no ha de sobresalir** por ningún lado de la base del palé, para maximizar la utilización del espacio, tanto del almacén como del transporte.
- Se ha de conseguir el **total aprovechamiento de la base** del palé para maximizar la ocupación del mismo.

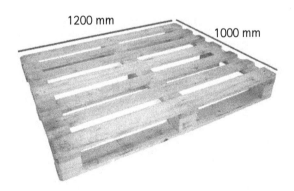

Figura 23.7. Palé americano o estándar.

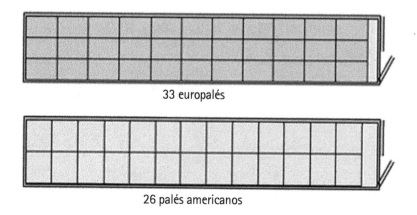

Figura 23.8. Capacidad sobre la base de la superficie de un semirremolque tráiler.

- **La configuración de la carga paletizada** ha de facilitar la apertura, la extracción y el desmontado de los productos, y con ello la gestión de entrada o salida en el almacén.
- La configuración ha de estar diseñada de forma que todos los embalajes tengan como mínimo **una de las caras en la parte exterior del palé.** De este modo pueden leerse mediante sistemas de gestión como los códigos de barras y las pistolas lectoras, lo que facilitará la gestión de entrada y salida. Dicha configuración no es necesaria cuando se utilizan etiquetas inteligentes.
- **Hay que proteger el producto** y el embalaje secundario, tanto en el almacenaje como en el transporte y sus posibles manipulaciones.

La aplicación de esta sistemática permite colocar 33 europalés o 26 palés americanos en un camión tráiler que no sobrepase los 16,50 m (cabeza tractora más semirremolque), con un aprovechamiento del espacio de transporte casi del 100 % de la base del semirremolque.

Los pesos máximos recomendados y estandarizados para el embalaje terciario son los siguientes:

- En los palés, ya sea europalé o palé americano, es recomendable no sobrepasar los 1.000 kg.
- En el medio palé no se debería sobrepasar los 500 kg.
- En el cuarto de palé no hay que sobrepasar los 250 kg.

3 La estabilidad de la carga

En el embalaje terciario es importante tener en cuenta también la estabilidad de la carga, un aspecto que se rige por la norma ISO 10531/1992. Para dar estabilidad a la carga, en primer lugar se ha de respetar la altura máxima de los embalajes, que viene marcada por la capacidad del transporte. En los tráileres y los contenedores no debe superar los 2,60 m, incluido el palé. En los transportes con temperatura controlada la altura máxima es de 2,40 m. Normalmente, las alturas se pactan o acuerdan entre las partes implicadas, empresa proveedora, transportista y cliente, ya que algunos almacenes no están preparados para recibir mercancías con estas alturas de embalaje, lo que obligaría a adaptar la entrada.

Para garantizar la estabilidad, en el medio palé y en el cuarto de palé la altura máxima será de 1,30 m, si bien en productos como el agua, la leche o los refrescos se podría llegar a 1,45 m.

La carga más pesada siempre ha de estar lo más cerca posible de la base, mientras que los productos frágiles o livianos se han de situar en la parte superior. Se ha de tener en cuenta el peso máximo soportado por el embalaje secundario y la fragilidad del producto.

Uno de las sistemas que facilitan la estabilidad del embalaje terciario es el retractilado de la mercancía con el palé, dejando siempre las aberturas del mismo libres para poder introducir las palas de los elementos de manutención para el transporte de palés. Es recomendable medir la paletización, el embalaje terciario, de la mercancía aplicando las normas siguientes:

- Norma ISO 4180, partes I y II sobre embalajes de expedición completos y llenos. Reglas generales para el establecimiento de programas de ensayo de aptitud al empleo.
- Norma AFNOR H 00.050 de cargas paletizadas, métodos generales de ensayo.
- Norma ISO 2247 de ensayos de vibración-transporte.

4 El embalaje secundario

El embalaje secundario se habrá de regir por los siguientes parámetros:

- **Ha de ser modular,** tal como se ha indicado anteriormente, para que no sobresalga del palé, y ha de tener una de sus caras en la parte externa del palé con la correspondiente etiqueta o marcado en caja.

Figura 23.9. Envases primarios.

Figura 23.10. Envases primario y secundario de un producto.

- **Tiene que ser lo suficientemente robusto** como para proteger su contenido durante el almacenaje, la manipulación y el transporte.
- **El peso máximo** no ha de exceder lo establecido por las normativas de prevención de riesgos laborales de cada país.[5] Se considera aceptable manipular una masa máxima de 25 kg para hombres y 15 kg para mujeres, mayores o menores siempre que las condiciones óptimas de manutención se respeten. Además, su altura, anchura y longitud no ha de entrañar riesgos de manipulación y permitir la accesibilidad ergonómica, y la persona no ha de recorrer más de 30 m con la carga.

El embalaje secundario tiene también una función de mercadotecnia, ya que favorece el conocimiento y el reconocimiento de la marca y el producto durante toda la cadena de suministro.

5 El embalaje primario

Para el embalaje primario o envase secundario se seguirán unos parámetros y unas recomendaciones parecidas a las del secundario:

- **Ha de ser modular** para facilitar la utilización de embalajes modulares de segundo nivel.

---

[5] En España, el Real Decreto 487/1997.

Bandejas de plástico, cartón, metálicas, retractiladas	Contenedores metálicos y de plástico
	Depósitos paletizados o sin paletizar de plástico y metálicos
Bidones metálicos, de plástico y vidrio	
Bobinas, rollos	Jerricanes de plástico o metálicos
Botellas de plástico y vidrio	Palés de madera, plástico, cartón y metálicos
Cajas de cartón, plástico y madera	Paquetes de cartón y retractilado para cargas largas
Carros logísticos o contenedores rodantes y jaulas	
Cartón para alimentos y bebidas *(tetra brik)*	Sacos y bolsas de papel, plástico, tejido

Tabla 23.2. Tipos de envases y embalajes más utilizados.

- **Tiene que ser lo suficientemente robusto** como para proteger su contenido durante el almacenamiento, la manipulación y el transporte.
- **El peso máximo** no ha de exceder lo establecido por las normativas de prevención de riesgos laborales.

Los envases primarios y secundarios o embalajes primarios desempeñan también una función de mercadotecnia, ya que están mayoritariamente destinados al cliente final (véanse las figuras 23.9 y 23.10).

Los envases y los embalajes pueden ser de diferentes materiales pero siempre han de proteger el producto, permitir que desempeñe su función de mercadotécnica y facilitar el almacenaje y el transporte y garantizar la seguridad del contenido. Entre otros envases y embalajes se utilizan los que se resumen en la tabla 23.2.

Debido al gran consumo de productos envasados y embalados, se producen muchos residuos que han de ser tratados y reciclados. En Europa se implantó la directiva 94/62.[6] Según esta, las empresas tienen la obligación de prevenir y reducir el impacto de los envases y embalajes en el medio ambiente y de gestionar los residuos durante todo el ciclo de vida del producto.

---

[6] En España se legisló mediante la ley 11/1997.

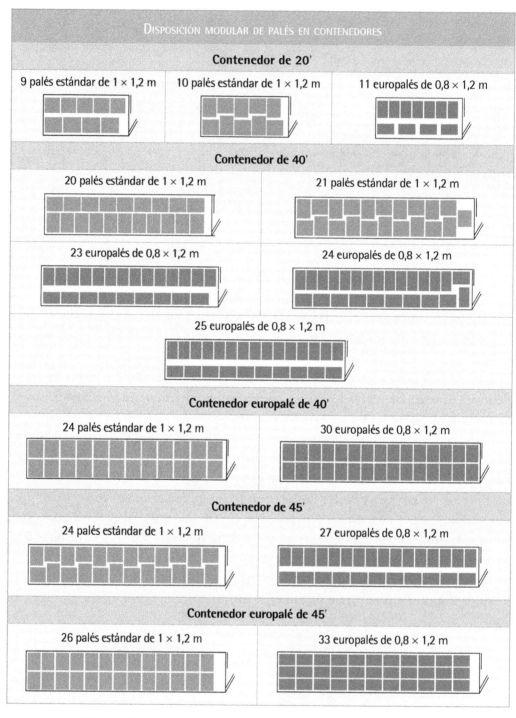

Tabla 23.3. Ejemplos de disposición modular de palés estándar o americanos y europalés en diferentes tipos de contenedores.

Conceptos clave: clasificación de los envases y embalajes

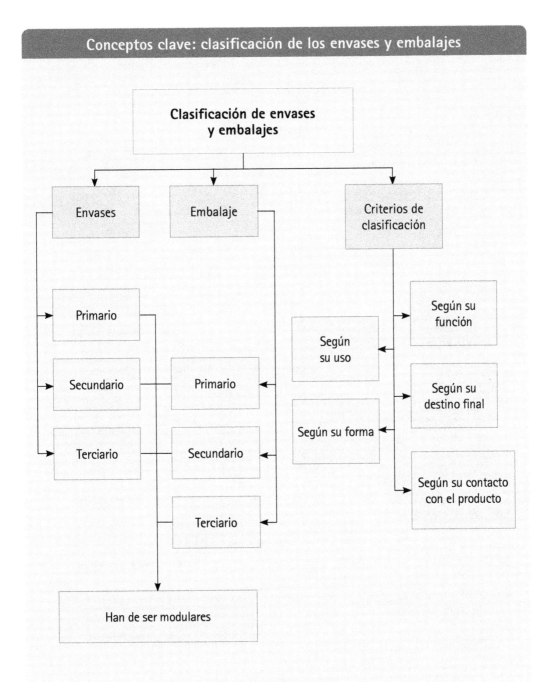

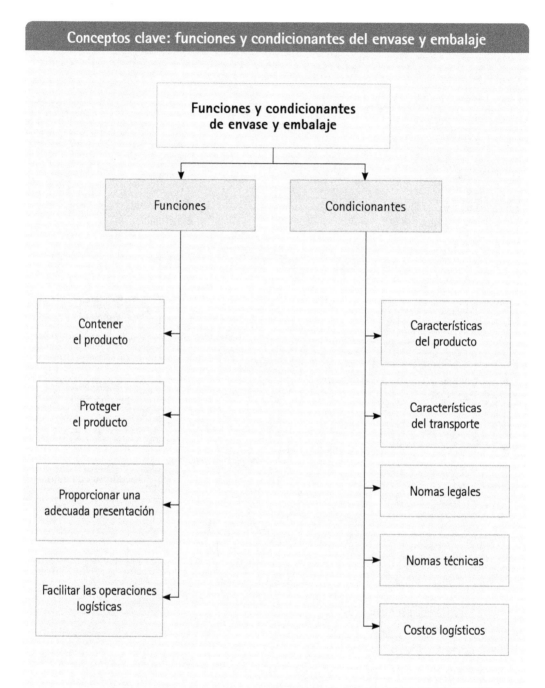

Capítulo 24
Indicadores de gestión de existencias

Los indicadores clave de rendimiento, también conocidos como KPI (siglas de *key performance indicator*) permiten medir y evaluar las consecuencias de las decisiones tomadas y sientan las bases para ajustar y regular las acciones presentes y futuras. Son los signos vitales de la organización, y su continuo monitoreo permite establecer las condiciones e identificar los síntomas que se derivan del desarrollo normal de las actividades. Es muy importante que los indicadores de gestión estén basados en datos veraces y fiables para conseguir una interpretación y un análisis correcto de la situación.

A nivel empresarial, se han de medir aquellos aspectos que permiten valorar qué se está haciendo, cómo, con qué recursos, el resultado de las estrategias y los cambios realizados y su deviación respecto a los objetivos.

Los indicadores pueden expresarse de diferentes maneras. Las más habituales son las unidades de medida, por ejemplo, de cantidad, volumen, peso o tiempo.

Los indicadores logísticos tratan de evaluar la eficiencia de la gestión logística de la empresa, en los flujos físicos, documentales o de información, con el control permanente de las operaciones, el seguimiento de las desviaciones de los objetivos y la retroalimentación del sistema para una mejora global de la cadena de suministro.

Los indicadores de gestión más usuales en logística son los de productividad, ocupación del almacén, recursos humanos, servicio y calidad de este. Existen otros indicadores, por ejemplo los de nivel económico, mediante los cuales se puede obtener el valor monetario de las existencias.

Los sistemas de gestión empresarial (ERP) y de gestión de almacenes (SGA) facilitan muchos de los indicadores clave de rendimiento. De una manera más o menos automatizada permiten obtener resultados y facilitan la toma de las decisiones oportunas para conseguir los objetivos de la organización. Cada indicador de gestión debe satisfacer los siguientes criterios o atributos:

- **Ser medible:** ha de ser cuantificable ya sea el grado o la frecuencia de la cantidad.
- **Ser entendible:** ha de ser reconocido fácilmente por todos aquellos que lo usan.
- **Ser controlable:** debe ser controlable dentro de la estructura de la organización.

Los indicadores de gestión pueden expresarse de diferentes formas.

1 Indicadores de productividad

$$Cantidad/hora = \frac{Cantidad\ de\ movimientos\ realizados\ en\ un\ tiempo\ determinado}{Tiempo\ concreto}$$

El tiempo puede ser medido en horas, días, semanas, meses, etc. Normalmente, se expresa en horas laborales realizadas por las personas que llevan a cabo una determinada tarea para conseguir el resultado en la unidad de tiempo, hora/persona u hora/máquina. Con este indicador se puede obtener la productividad de diferentes tareas, simplemente cambiando el numerador de la división. Esta operación permite calcular, por ejemplo, los indicadores en la recepción de mercancías, el almacenaje, la preparación de pedidos o las salidas.

- **Indicadores en la recepción de mercancías**
    - Número de pedidos recibidos.
    - Cantidades de productos.
    - Número de líneas por pedido.
    - Número de cajas o palés.
    - Camiones recibidos.

Siempre que interese para mejorar los procesos, se pueden calcular tareas más concretas, como la descarga física, la recepción documental o el etiquetaje, entre otras, o hacer cálculos por tipo de almacén o producto. Todo dependerá de lo que cueste realizar dicho control y el beneficio que se pueda conseguir. Se podrá saber en cada momento qué recursos humanos o materiales son necesarios si se dispone de la planificación de las llegadas. De estos cálculos y su control debe encargarse el personal responsable de la recepción de las mercancías.

- **Indicadores en el almacenaje**
  - Número de productos.
  - Cantidad de producto.
  - Cantidad de cajas o palés ubicados.

Es aconsejable medir y calcular de manera separada las ubicaciones, los movimientos internos (organizar, desubicar y ubicar una misma caja o palé) y las desubicaciones, ya que son tareas con diferentes necesidades, que, además, pueden variar según el tipo de producto, almacén o salida (producción, preparación de pedidos, expedición, devolución, etc.). Si se han planificado las necesidades de ubicaciones, movimientos internos y desubicaciones, se podrá conocer qué recursos humanos y materiales se requieren en cada momento. De estos cálculos y su control se debe encargar el personal responsable de recepción o entradas de mercancías.

- **Indicadores en la preparación de pedidos**
- Número de pedidos preparados.
- Cantidades de productos.
- Número de líneas por pedido.
- Cantidad de cajas o palés.

Es aconsejable medir y calcular de forma separada cada ítem, ya que dentro del mismo flujo pueden existir diferentes necesidades que, además, pueden variar según el tipo de producto, de almacén o de salida. Se podrá saber qué recursos humanos y materiales se necesitan en cada momento si se ha planificado la preparación de pedidos. De estos cálculos y su control se debe responsabilizar el personal que efectúa la preparación de pedidos.

- **Indicadores en las salidas o expediciones**
- Número de salidas.
- Cantidades de pedidos.
- Cantidad de cajas o palés.
- Número de vehículos cargados.

Si se planifican las expediciones que se han de realizar, se puede conocer qué personal y qué recursos materiales se necesitan en cada momento. De estos cálculos y su control debe encargarse el personal responsable de expediciones. En todos los casos, los datos extraídos permitirán fijar los objetivos de productividad por tareas, personal o recursos materiales, cuáles son los más adecuados para cada tarea, las posibles desviaciones y las necesidades de formación del personal. Es recomendable hacer estos cálculos diariamente.

2   Indicadores de ocupación del almacén

$$Porcentaje\ de\ ocupación = \frac{Ocupación\ real \cdot 100}{Ocupación\ máxima\ posible}$$

La ocupación real y la máxima han de estar valoradas con la misma unidad de medida, ya sean metros cúbicos, volumen, palés o cajas. En este indicador de gestión, los resultados pueden variar según el sector, los productos y la tipología del almacén, aunque normalmente deben situarse entre el 80 y el 90 % de la ocupación máxima. Entre el 10 y el 20 % restante se utilizan para absorber y ubicar posibles puntas de entrada que pudieran darse en un momento determinado.

Si los porcentajes de ocupación son superiores de manera sostenida, es posible que se trabaje con un producto de consumo estable y no se produzcan puntas, que exista una gestión de aprovisionamiento deficiente, que no se equilibren las entradas y las salidas, o que se necesite más espacio. Por el contrario, si los porcentajes son inferiores, es posible el almacén esté sobredimensionado.

Este indicador se puede calcular también para controlar los espacios marcados con un sistema ABC y realizar los cambios oportunos según las necesidades. Es recomendable calcular este indicador mensualmente. De estos cálculos y su control debe encargarse el personal responsable del almacén.

3   Indicadores sobre recursos humanos

Los indicadores de gestión de recursos humanos pueden referirse al absentismo, las horas extras o la rotación de personal, entre otros factores. En todos los casos, los resultados pueden variar dependiendo del sector y de las tareas. De estos cálculos y su control debe encargarse el personal responsable de recursos humanos. En su defecto, corresponde al área de administración. Se debe informar de los resultados a la dirección logística y la dirección de operaciones o gerencia para que puedan planificar las tareas con todos los condicionantes posibles o, en su caso, tomar las medidas correctoras que correspondan.

- **Absentismo**

$$Porcentaje\ de\ absentismo = \frac{Total\ de\ horas\ de\ ausencia \cdot 100}{Total\ horas\ contratadas}$$

La medición se hace normalmente por horas, a nivel global o por departamentos, contabilizando el absentismo justificado y no justificado. Con este indicador se obtendrá la disponibilidad de recursos humanos, teniendo presente posibles ausencias, ya sean justificadas o no. Es recomendable calcular este indicador mensualmente.

- **Horas extras**

$$Porcentaje\ de\ horas\ extras = \frac{Total\ de\ horas\ fuera\ horario\ establecido \cdot 100}{Total\ horas\ contratadas}$$

La medición se realiza por horas. Con este indicador se puede saber si se necesitan o no más recursos humanos para realizar las tareas previstas. También permite conocer y controlar las posibles modificaciones de los sistemas, los recursos y las necesidades de formación del personal para reducir los tiempos y las horas extras. Este ratio normalmente se realiza por departamento. Es recomendable calcular este indicador mensualmente.

- **Rotación del personal**

$$Porcentaje\ de\ rotación\ del\ personal = \frac{Personas\ contratadas \cdot 100}{Número\ de\ puestos, personas\ necesarias}$$

Este indicador permite analizar las posibles modificaciones de los sistemas, los recursos y las necesidades de formación del personal para reducir su rotación y las pérdidas de tiempo. Es un ratio que normalmente se realiza por departamento. Es recomendable calcular este indicador anualmente, pero puede reducirse el período en caso de necesidad.

4 Indicadores sobre el servicio

Los indicadores sobre el servicio pueden referirse a aspectos como la cobertura de las existencias, su rotación, las existencias obsoletas o la calidad del servicio (entradas, salidas, servicio al cliente, etc.), entre otros. De estos cálculos y su control debe encargarse el personal responsable del almacén.

- **Cobertura de las existencias**

$$\textit{Número de días} = \frac{\textit{Cantidad de existencias}}{\textit{(Cantidad salida de las existencias)/ (Durante un tiempo estipulado)}}$$

La cantidad de producto almacenada y la de salida han de estar valoradas en la misma unidad de medida: por ejemplo, unidades de producto, cajas o palés. El resultado puede medirse en días, horas o semanas, en función del producto, el mercado y su estacionalidad, la capacidad del almacén o el tiempo de reaprovisionamiento, entre otros factores. Este resultado indicará el período de tiempo durante el que, con una venta estándar, se podrá mantener el servicio al cliente sin rotura de existencias. Este indicador se calcula para cada producto o por familia de productos. También facilita información de los productos que están reduciendo su salida o que entran en su periodo de madurez o extinción. La frecuencia del cálculo recomendada es mensual, pero teniendo presente que depende del producto y la estacionalidad.

- **Rotación de las existencias**

$$\textit{Número de veces por tiempo } x = \frac{\textit{Cantidad salida} \cdot \textit{Periodo de tiempo } x}{\textit{Promedio de las existencias durante el tiempo } x}$$

Expresa la cantidad de producto que ha salido y se ha repuesto en un periodo de tiempo determinado. Si el resultado es un numero bajo, se ha de estudiar si el producto está en declive, maduro o si el aprovisionamiento es el adecuado. El resultado idóneo es un número elevado, siempre que no existan roturas de existencias. Este indicador se calcula para cada producto o por familia de productos. Con él se obtendrá la frecuencia de renovación de las existencias, se verificará que la gestión de aprovisionamiento es la correcta y se facilitará información valiosa a los departamentos de ventas y comercial. La frecuencia del cálculo dependerá de la fase en que el producto se encuentre y del mercado.

- **Existencias obsoletas**

$$Porcentaje\ de\ existencias\ obsoletas = \frac{Cantidad\ de\ existecias\ obsoletas \cdot 100}{Cantidad\ de\ existencias}$$

Las existencias obsoletas y las totales se han de agrupar y medir de la misma manera, ya sea por producto, familia o globalmente. El resultado de este indicador es el porcentaje de producto obsoleto almacenado, que es conveniente que sea cero o cercano a él. Este indicador se puede calcular para cada producto, por familias de producto e incluso a nivel global del almacén. La frecuencia de cálculo recomendable es mensual, pero dependerá mucho del tipo de producto y su estacionalidad, entre otros factores.

5 Indicadores sobre la calidad del servicio

Se puede medir la calidad del servicio para las entradas y las salidas de mercancías del almacén. La frecuencia de cálculo recomendable depende mucho del tipo de almacén y del volumen de sus flujos, pero puede ser anual, semestral, trimestral, bimensual, mensual y, si es necesario, diaria o semanal. Puede realizarse para cada proveedor o cliente, o de manera globalizada, con el objetivo de conocer qué servicio obtiene la empresa de los proveedores o qué servicio ofrece a los clientes en general.

Figura 24.1. Los indicadores de gestión pueden expresarse de diferentes formas.

- **Entradas**

$$\text{Porcentaje recibido correcto} = \frac{\text{Pedidos o líneas recibidas correctas} \cdot 100}{\text{Total pedidos o líneas pedidas al proveedor}}$$

Se puede medir el número de pedidos, líneas de pedido, producto, cajas o palés recepcionados, por tipo de almacén o proveedor, por ejemplo. Los datos extraídos ayudan a fijar objetivos de servicio de los proveedores, planificar las entradas y la relación del almacén con otras áreas o departamentos de la empresa, como producción y comercial. De estos cálculos y su control debe encargarse el personal responsable de la recepción o entradas de mercancías.

- **Salidas**

$$\text{Porcentaje recibido correcto} = \frac{\text{Pedidos o líneas enviadas correctas} \cdot 100}{\text{Total pedidos o líneas pedidas del cliente}}$$

Se puede calcular el número de pedidos, las líneas de pedido, el producto, las cajas o los palés enviados a clientes o a diferentes departamentos de la empresa, por ejemplo, según el tipo de almacén o por cliente. Los datos extraídos ayudan a fijar objetivos de servicio hacia los clientes y prever posibles roturas de existencias. De estos cálculos y su control debe encargarse el personal responsable de expediciones. Dos aspectos importantes a tener en cuenta son la calidad del servicio y el tiempo que se emplea en solucionar la no entrega de un producto en el momento acordado con el cliente. Los resultados de este indicador han de ser 100 % positivos o muy próximos a ello.

- **Rotura de servicio a los clientes**

$$Porcentaje\ de\ rotura\ servicio = \frac{Cantidad\ no\ entregada\ en\ un\ tiempo\ x\ \cdot\ 100}{Total\ pedido\ por\ el\ cliente\ en\ un\ tiempo\ x}$$

Este indicador está ligado con el de calidad de servicio, ya que una vez que se conoce una deficiencia en este, es importante saber sus causas. Para conocer este indicador, se deben agrupar todas las incidencias, calcular cada tipología por separado y evaluar las que pueden causar la no entrega al cliente, ya sea por rotura de existencias, por error en el pedido o la preparación o por error del propio cliente, por ejemplo. Este indicador se puede calcular por producto, familia de productos e incluso a nivel global del almacén. El resultado es el porcentaje de rotura de servicio, que es importante que sea cero o cercano a él. Basándose en el resultado, se podrá estudiar cómo resolver los problemas de servicio y obtener mejores resultados. De estos cálculos y su control debe encargarse el personal responsable del almacén.

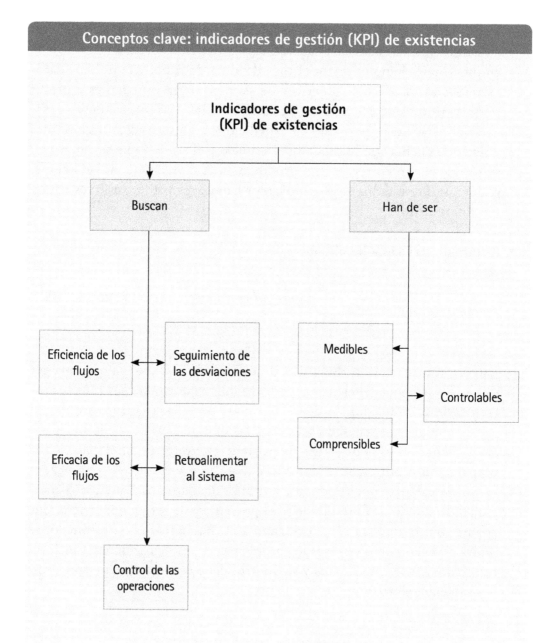

Conceptos clave: indicadores de gestión (KPI) de existencias

Conceptos clave: tipos de indicadores de gestión (KPI) de existencias

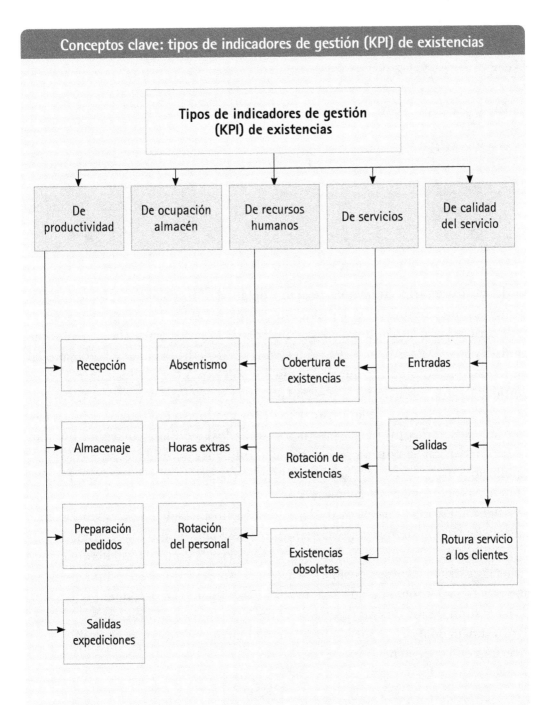

Capítulo 25
Gestión de existencias y preparación de inventarios

Se define inventario como una relación detallada, ordenada y valorada de los elementos que componen el patrimonio de una organización. En el almacén, el inventario es la relación detallada y valorada de los productos almacenados, en unidades económicas (como el euro o el dólar), de peso (como el kilogramo o las toneladas), de volumen (como los litros, los galones o los metros cúbicos) o de cantidad, según la función o las necesidades del receptor del inventario. Constituye el sistema de control de las existencias de los productos en todos los almacenes, sean estos materias primeras, productos acabados, auxiliares o semielaborados

Las existencias se utilizan para cubrir determinadas necesidades, como los desequilibrios entre procesos, ya sean estos internos o externos, pero también pueden ocultar las ineficiencias de la empresa.

Cuanto mayores sean los picos de los desequilibrios o de las ineficiencias, más existencias se necesitarán y, por lo tanto, más espacio, manipulación, manutención y recursos humanos se requerirán. Es importante controlar mediante inventarios las existencias y sus posibles variaciones, sobre todo si estas aumentan, ya que esto es un síntoma de que algo no está funcionando correctamente.

La gestión de los inventarios ha de contribuir a un equilibrio entre dos objetivos fundamentales: un adecuado servicio al cliente y un costo razonable de la inversión en las existencias y su gestión.

1 Gestión de las existencias almacenadas

Las existencias constituyen una de las inversiones más importantes de las organizaciones en relación al resto de sus activos. En muchas empresas pueden representar más del 50 % de los activos, y en algunas, como las comerciales, llegan a superar el 80 %. La razón de ser de las existencias es atender a dos necesidades esenciales:

- **Coordinar los desequilibrios entre la oferta y la demanda:** normalmente la demanda de un producto no coincide, en cantidad y tiempo, con la oferta, ya sea por el tiempo necesario para producirlo, por la distancia al cliente, por la estacionalidad, etc. Es necesario equilibrar las compras y las ventas para conseguir la máxima competitividad, y regularlas por medio del almacenaje, los flujos de adquisiciones y las entregas.

- **Reducir costos:** generalmente la rentabilidad de las compras y la mayor producción junto a un transporte consolidado permiten reducir el costo unitario del producto. El costo de almacenaje contribuye a encontrar un equilibrio positivo, el menor posible costo global.

Las existencias de productos almacenados, no obstante, pueden esconder algunas ineficiencias de la organización, por ejemplo, la escasa calidad en los procesos, la poca flexibilidad, la burocracia, el papeleo, la escasa implicación del personal (ya sean operarios, mandos o alta dirección), o la falta de mantenimiento y las consecuentes averías. Estas ineficiencias obligan a aumentar la cantidad de productos almacenados para no provocar roturas de existencias y fallar al cliente. También pueden provocar conflictos entre departamentos de una misma empresa, por ejemplo:

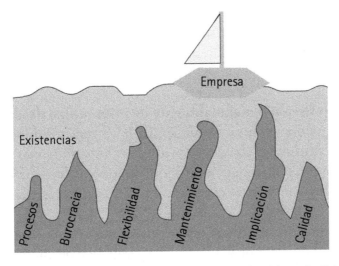

Figura 25.1. **Las existencias pueden ocultar diferentes problemáticas e ineficiencias.**

- **El departamento financiero** siempre deseará que las existencias tiendan a cero, o sea, que resulten innecesarias.
- **El departamento logístico** tampoco desearía tener existencias, o tener las mínimas posibles.
- **La gerencia**, desde el punto de vista económico, no querrá tener existencias pero las necesita para proporcionar el mejor servicio a los clientes.
- **Los departamentos comercial y de producción** siempre desearían disponer de las máximas existencias posibles para no fallar nunca.
- **El departamento de compras** trata de conseguir el mejor precio, lo que puede conseguir aumentando las cantidades pedidas, el volumen de compras, por lo cual querrá disponer de espacio para el producto.

Es necesario hallar el equilibrio entre la inversión en existencias y el servicio a los clientes, los cambios en la producción, los pedidos de reabastecimiento y el transporte.

1.1 Costos relacionados con las existencias

Los costos relacionados de manera directa con el volumen de existencias almacenadas y que, por consiguiente, afectan a su gestión son:

- **Costo de adquisición:** es el costo del producto en sí. En el caso de las distribuidoras o comercializadoras, son los productos comprados, los pedidos externos. Cuando se trata de empresas fabricantes, son los costos de producción junto a los de las materias utilizadas para ese fin, los pedidos internos.

- **Costo de posesión o mantenimiento de inventario o de almacenaje:** es el costo de guardar, mantener y almacenar los productos durante un periodo de tiempo. Incluye el costo del almacén, los recursos materiales a utilizar, el personal implicado en su gestión y todo lo que conlleva el almacenamiento, como seguros, impuestos, energía, consumibles o refrigeración.

- **Costo de emisión:** es el costo que se genera cada vez que se gestiona un pedido. Comprende el personal, la recepción y la gestión del producto, los recursos materiales utilizados, el transporte y los seguros correspondientes.

- **Costo de rotura de existencias:** es el que se produce por falta de existencias de una mercancía, cuando la empresa tiene pedidos pero no puede servirlos por no disponer del producto demandado en el almacén.

- **Costo por obsolescencia:** es aquel en el que se incurre por tener almacenado producto obsoleto. En este caso se suman los costos de adquisición, de posesión y de emisión. Se ha de tener presente que la mercancía obsoleta está ocupando un espacio y unos recursos en el almacén.

- **Costo por daños o pérdidas de producto:** es el que se genera cuando una mercancía está dañada, en mal estado o no se encuentra. Al costo de obsolescencia se ha de sumar el de no servir el producto, que en algunos casos será el costo de rotura de existencias.

Se estima que el costo de almacenaje o posesión de un producto puede constituir entre el 2 y el 5 % del de adquisición, ya sea interno o externo. Se ha de tener en cuenta que las existencias pueden abarcar los diferentes estadios y procesos de un producto, dentro y fuera de la empresa. Existen existencias en los diferentes almacenes de estos procesos: de materias primeras, producto intermedio, producto terminado, material auxiliar, embalaje, mantenimiento, distribución, zona de extracción de mercancías o preparación de pedidos y tienda.

Es posible que las existencias de producto no se encuentren en los almacenes de la empresa sino en instalaciones de terceros o en tránsito. Por lo general, las empresas con cadenas de montaje que trabajan con sistemas justo a tiempo disponen de pequeñas existencias de las piezas y productos que han de ensamblar. Normalmente, esas existencias pertenecen a la empresa proveedora mientras no se utilicen en la cadena de producción, pero pasan a ser propiedad de la empresa ensambladora desde el momento que se emplean. Por ello, la gestión de las existencias ha de tener en cuenta las que se encuentren en instalaciones de terceros, para llevar un control adecuado de ellas.

Lo mismo se ha de hacer con el transporte, en función del tipo de contrato y modalidad que se utilice. Dependiendo de a quien corresponda la propiedad, al cliente o al proveedor, las existencias se contabilizarán en una u otra parte; por ejemplo, cuando se aplica en un contrato de compraventa internacional la regla Incoterms FCA *(free carrier)*, por la cual la empresa proveedora traspasa la propiedad y el riesgo al cliente una vez la mercancía está situarla en un punto convenido en el país de origen, como puede ser la aduana. A partir de ese punto y hasta la

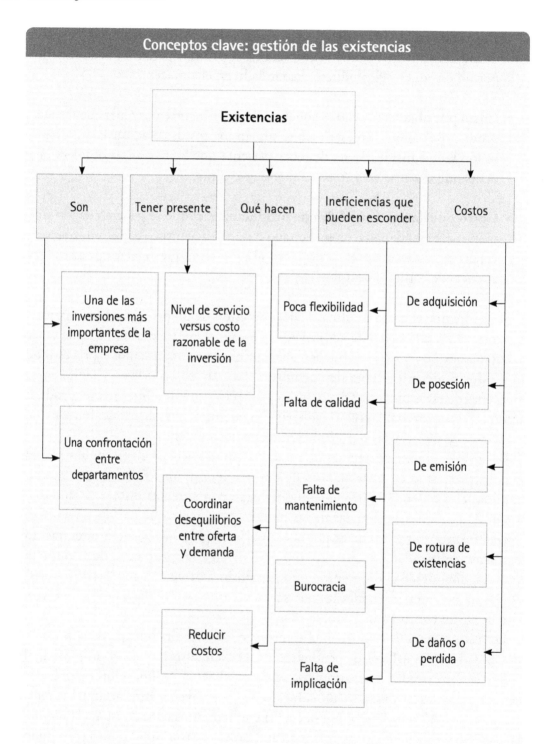

llegada a las instalaciones de la empresa compradora, el producto es propiedad del cliente, que ha de inventariarlo y contabilizarlo como suyo. Es lo que se denomina, en muchas ocasiones, existencias en tránsito.

Un inventario de las existencias controlado, fiable y ajustado a las necesidades permite a la empresa minimizar el capital invertido, inmovilizado, reducir los costos financieros en que puede incurrir si hay excesivas existencias, controlar el riesgo de la demanda conocida y desconocida y reducir las ventas perdidas por falta de producto.

2 Gestión del inventario

El inventario es el resultado del recuento físico, real, de las existencias en un almacén. Es una cantidad exacta, real en un momento dado. En otro momento, el inventario será diferente. La actividad diaria de las empresas y las organizaciones conlleva movimientos de entrada y salida de mercancías que hacen variar la cantidad de existencias en los almacenes. Otro factor a tener en cuenta en la variación de las existencias es su tipología o naturaleza. Algunas de sus características pueden hacer variar su estatus dentro del almacén. Esto sucede, por ejemplo, con los productos perecederos, con fecha de caducidad, fecha de consumo preferente, o los obsoletos.

2.1 Inventario informático

Las empresas necesitan utilizar sistemas informáticos para gestionar con eficiencia la información que conlleva tener en el mercado sus productos, con frecuencia sobre una cantidad de productos considerable, con un sinfín de pequeñas variaciones que permiten abarcar el mayor número de clientes y, al mismo tiempo, para ofrecer un servicio correcto y eficaz a un costo razonable. Tener informatizadas y controladas las entradas, las salidas y los movimientos internos facilita la gestión de los inventarios.

Los inventarios informáticos son simples listados en los cuales el sistema ha calculado cada una de las referencias, teniendo en cuenta las existencias iniciales, las entradas y las salidas:

$$\text{Existencias iniciales} + \text{entradas} - \text{salidas} = \text{existencias finales}.$$

Presentan la ventaja de ofrecer un cálculo rápido de las existencias en cualquier momento sin necesidad de hacer un recuento manual, siempre que los todos los movimientos sean introducidos en el sistema.

Además, los sistemas informáticos proporcionan informaciones adicionales, como las unidades reservadas pendientes de entrega o las existencias que quedarán una vez sean entregadas, por ejemplo. Esto facilita la previsión del aprovisionamiento y ayuda a ajustar mejor las existencias, reduciendo los costos. El cálculo seria parecido al anterior, pero introduciendo la variable citada:

$$\text{Existencias iniciales} + \text{entradas} - (\text{salidas} + \text{reservas o pendiente de entrega}) = \text{existencias finales.}$$

2.2 El inventario físico

Una buena gestión y control de los flujos del almacén, con la correspondiente introducción de movimientos en el sistema informático y unas normas de trabajo sistemáticas, reduce la necesidad de hacer recuentos físicos en los inventarios y en consecuencia los costos. Sin embargo, no se puede prescindir totalmente de ellos por diferentes motivos:

- **Productos que se deterioran** o se rompen durante los movimientos de la mercancía.
- **Productos que quedan obsoletos** por modificaciones o mejoras en los mismos. Se han de tener controlados, ya que son pérdidas económicas y ocupan espacio en el almacén.
- **Productos con una temporalidad de consumo,** por tener fecha de caducidad o de consumo preferente. Se han de controlar igual que el caso anterior.
- **Productos que desaparecen,** lo que se denomina pérdida desconocida, que representa entre el 1,25 y el 2 % de la facturación de la empresa. Gran parte de esta pérdida, entre el 75 % en Europa y el 85 % en Estados Unidos, está provocada por los hurtos, que padecen las organizaciones, a pesar de los sistemas de seguridad y vigilancia que se instalan.
- **Errores humanos.** Cuanto mayor y más eficiente sea la sistemática, la gestión y el control informático, menos errores humanos habrá hasta quedar reducidos a la mínima expresión.

Figura 25.2. **No se puede prescindir totalmente del inventario físico.**

- **Los errores informáticos y del sistema.** Aunque no sean habituales, pueden existir, por lo que es importante hacer una comparación periódica entre la realidad física y el la información del sistema informático.

Además, los planes de contabilidad oficiales obligan a realizar un inventario físico al cierre de cada ejercicio, por lo que habrá que llevarlo a cabo una vez al año.

El inventario físico ha de prepararse y planificarse sistemáticamente, tanto en el tiempo, como en los recursos a utilizar. En primer lugar, se ha de tener en cuenta la metodología que se aplicará y las mercancías que se van a inventariar, ya que no es lo mismo hacerlo con materias primas que con productos acabados, en proceso o semielaborados, o con material auxiliar e incluso con productos en la fase de preparación de pedidos. Incluso se pueden aplicar diferentes metodologías dependiendo de la forma de almacenaje dentro de una misma empresa.

Difícilmente se podrá hacer un inventario unitario de productos a granel o de mercancías frágiles que se hayan de mover. Además, se ha de valorar cómo se cuantificará el inventario: por unidades, por volumen, por peso o por valor económico, lo que obliga a pasar las cantidades a valores económicos siguiendo la sistemática que la empresa decida. A nivel logístico, la cuantificación permite realizar comparaciones con anteriores ejercicios, al tratarse de un valor fijo que no varía en el tiempo.

Sea cual sea la metodología que se aplique, se han de respetar una serie de normas para que el inventario físico alcance el objetivo deseado, que no es otro que proporcionar las existencias reales en ese momento.

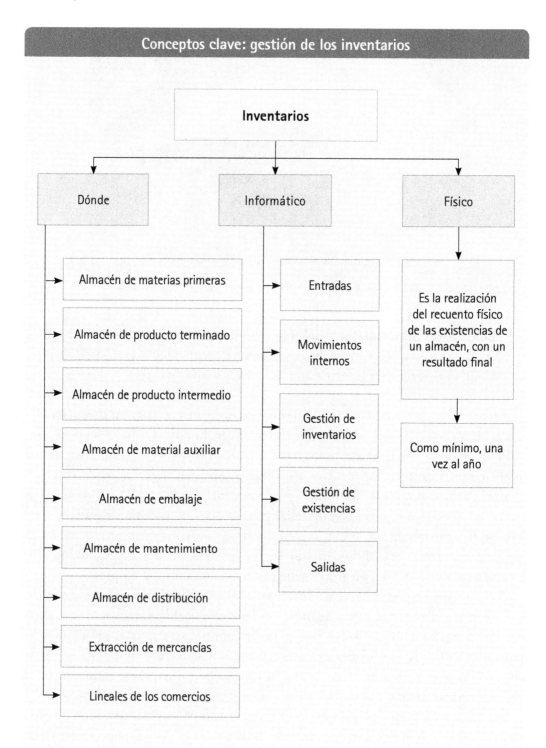

Inmediatamente antes de empezar a hacer el inventario físico, y durante todo el tiempo que este dure, no puede haber ninguna entrada, salida o cambios de ubicación de ninguno de los productos y almacenes que se estén inventariando. Por esta razón, en muchas empresas se hacen los inventarios físicos los fines de semana o se cierran durante unas horas o días los almacenes, y de esta forma evitan las entradas o salidas de producto. Lógicamente esto se ha de planificar con antelación y avisar a las empresas clientes y proveedoras. Conviene que se lleve a cabo cuando haya menos carga de trabajo y se les ocasionen menos problemas o molestias. En algunos de esos momentos valle también hay menos género o producto en los almacenes, lo que facilita el inventariado.

Hay que disponer de recursos materiales y maquinaria suficientes para llevar a cabo el inventario físico en el tiempo estimado. Se han de planificar los tiempos de máquina, la carga de baterías, el número de dispositivos lectores y el espacio que se necesita para realizar el recuento. También se ha de disponer de sistemas informáticos preparados para la labor.

Asimismo, se ha de prever el personal que se va a necesitar para realizar el inventario físico en el tiempo estipulado. Ha de contarse con un número suficiente de personas capacitadas para llevar a cabo este tipo de tareas, especialmente para la entrada de los datos en el sistema.

Otro aspecto clave es planificar la documentación relativa a la actividad a realizar de acuerdo a un orden lógico. La preparación de la documentación debe realizarse con sumo cuidado. Habitualmente los sistemas informáticos están preparados para facilitar un listado de las existencias por ubicaciones que servirá de base para la actividad posterior. Esto permite orientar el recuento para localizar, identificar y contar con agilidad los ítems correspondientes. Este momento se debe aprovechar para detectar también cualquier clase de incidencia respecto al estado aparente de los materiales. Una vez introducidos los datos del inventario físico, el sistema informático ha de facilitar toda la información en las unidades de medida correspondientes y la información económica del mismo.

2.3 Las consecuencias de los inventarios erróneos

En el caso de no cumplirse alguna de las condiciones anteriormente descritas es muy probable que el inventario que se realice sea erróneo, lo que provocará costos a la empresa, ya sea por los recursos empleados en esta tarea, ya sea por la cadena

242 *Manual de gestión de almacenes*

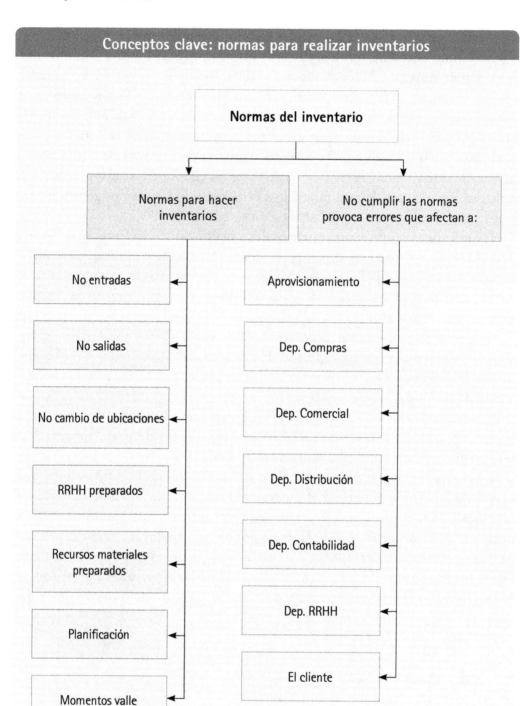

de errores que se transmitirá a los diferentes departamentos como compras, aprovisionamiento, comercial o distribución y servicios.

Si no se impiden las entradas y salidas de productos del almacén y se producen cambios en la ubicación de las mercancías, puede haber errores en las cantidades. Cuando se contabiliza menos mercancía de la realmente existente, es posible que se aprovisione antes de tiempo, lo que puede dar lugar a un exceso de existencias, con el consiguiente problema de espacio. Cuando se contabiliza más mercancía de la existente, se pueden provocar retrasos en la preparación y entrega de los pedidos, o servirlos de manera adecuada y provocar sobrecostos para subsanar el error.

Cuando los datos en el sistema no son correctos, el área comercial podría vender un producto del que no hay existencias o no vender un producto del que sí las hay, lo que provocará tensiones entre departamentos, desconfianza de los clientes y pérdida de ventas actuales y futuras. Cuando la valoración de las existencias no es real, la empresa puede sufrir graves tensiones económicas y tomar decisiones erróneas que la afectaran globalmente.

La aplicación de una metodología errónea para realizar un inventario físico puede encarecerlo, por la utilización de recursos humanos y materiales inadecuados. Cuando no se han previsto correctamente los recursos materiales, normalmente aumentará el tiempo requerido para realizarlo. Lo mismo sucederá con los recursos humanos. Este tipo de errores puede provocar desmotivación del personal e incluso desidia o malestar por la sensación de pérdida de tiempo, sobre todo de tiempo libre.

3   Análisis de las desviaciones y medidas preventivas y correctoras

Una de las tareas en la gestión de inventarios es valorar y comparar los objetivos marcados con la realidad, en definitiva analizar las desviaciones, para tomar las decisiones pertinentes, sean medidas preventivas o correctoras. Por lo tanto, a la hora de analizar los inventarios, hay que partir de dos bases:

- **El inventario inicial,** la base con la cual se comparará el inventario actual. Se estudian las diferencias existentes entre ambos, ya sean a nivel global, por familias, por almacenes, por subfamilias o por productos, pero siempre a nivel de cantidades físicas.

- **El inventario objetivo** que se quiere alcanzar y con el que también se compara el inventario actual. Al igual que en la anterior base, los objetivos podrán establecerse a nivel global, de familia, por tipo de almacén, por ubicación geográfica, por subfamilias o por productos. Las unidades de recuento serán cantidades físicas, no económicas.

Es importante que las existencias en los inventarios se gestionen en cantidades físicas, no en valores económicos de la mercancía almacenada, debido a la variabilidad que puede sufrir el precio de una mercancía.

3.1 Análisis de desviaciones

A partir de estas bases se pueden analizar las desviaciones de los resultados. Aunque se analicen las desviaciones a nivel global, por almacén o familia, habrá que profundizar a nivel de producto y referencia para poder tomar las medidas preventivas y correctoras necesarias para conseguir los objetivos. Los tipos de desviaciones que pueden darse son:

- **Desviaciones positivas:** son aquellas en las que se detecta que las cantidades del inventario actual han aumentado respecto al inicial u objetivo.
- **Desviaciones negativas:** son aquellas en las que se detecta que las cantidades del inventario actual han disminuido respecto al inicial u objetivo.
- **Sin desviaciones:** cuando se detecta que las cantidades del inventario actual no han experimentado variaciones respecto al inicial u objetivo.

Es importante controlar también la evolución de las desviaciones, para conocer si las medidas preventivas y correctivas están consiguiendo los objetivos por los cuales se pusieron en marcha. Para que dichas medidas sean eficientes, han de estar basadas en informaciones adicionales:

- **La previsión de ventas**, en unidades, para el intervalo de tiempo de los inventarios. Por ejemplo, la previsión de ventas mensual, si se realizan inventarios mensualmente.
- **Las ventas reales,** en unidades, para el intervalo de tiempo de los inventarios.
- **Las diferencias entre la previsión de las ventas y la realidad,** para ajustar las previsiones de futuro, tanto de producto almacenado como de aprovisionamiento, y para verificar si una de las causas de dichas diferencias son las desviaciones detectadas en los inventarios.

Figura 25.3. Los sistemas informáticos ayudan a realizar el análisis de las desviaciones que se dan en el almacén.

- **La temporalidad de los productos,** su duración, en qué punto se encuentra en el momento del inventario.
- **La previsión y la realidad de aprovisionamiento,** en unidades y tiempos de entrega para los periodos de los inventarios.

Las diferencias entre previsión y realidad del aprovisionamiento pueden ser una de las causas de las desviaciones en los inventarios. Desde los departamentos de compras y aprovisionamiento se habrán de indicar los productos que estén obsoletos y cómo tales se han de contabilizar, controlar y analizar. Es importante asimismo conocer qué mercancías y en qué cantidades no se han entregado a causa de falta de existencias o porque no están en condiciones de ser entregadas.

3.2 Planes preventivos y correctivos

Con toda esta información se podrán preparar planes preventivos y correctivos para alcanzar los objetivos de existencias marcados que afectarán a otros departamentos de la empresa, como aprovisionamiento, compras, comercial y contabilidad:

- **Si el volumen del inventario ha aumentado** por no conseguirse los objetivos comerciales planificados, se espaciará el aprovisionamiento o se reducirá la cantidad de existencias. El departamento comercial tendrá que averiguar por qué no se han conseguido los objetivos para poder planificar y ajustar las existencias a las necesidades reales, tanto en tiempo como en forma. Esto también puede ayudar a reducir los productos obsoletos o caducados, lo que se reflejará en el inventario.

- **Si el volumen del inventario se ha reducido,** se tendrá que controlar que el nivel de servicio no baje. Si se produjera esta última situación, habría que reducir el tiempo de aprovisionamiento o aumentar la cantidad de existencias para evitar las faltas de servicio. Cuando el nivel de servicio no se ve afectado, la gestión que se está realizando es correcta.

En el caso de que los productos caducados u obsoletos aumenten en el inventario será necesario revisar la gestión global de preparación de pedidos, incluidos los sistemas informáticos y la gestión de aprovisionamiento, y utilizar sistemas tipo FI-FO o FE-FO, para evitar que los productos caduquen o queden obsoletos en el almacén. Para reducir la cantidad de producto obsoleto o caducado hay que mejorar la comunicación entre los departamentos de compras, comercial y aprovisionamiento de la empresa, y entre esta y el proveedor.

Las medidas preventivas y correctoras no solo afectan al almacén sino a otros departamentos de la empresa como aprovisionamiento, preparación de pedidos, comercial, compras, contabilidad, así como a proveedores y clientes. Para hacer una buena gestión y planificación de las existencias, de manera que estén alineadas con los objetivos generales de la empresa y los objetivos particulares del almacén, es importante disponer de información de los diferentes departamentos.

> **+i**
>
> FI-FO
> Abreviatura de *first-in/first-out* o «primero en entrar, primero en salir», sistema de almacenamiento donde las primeras mercancías almacenadas son las primeras en extraerse, lo que contribuye a la máxima rotación de los productos y a evitar su obsolescencia.
>
> FE-FO
> Abreviatura de *first-expires, first-out* o «primero en expirar, primero en salir», método de almacenamiento donde los productos con fecha de vencimiento más antigua se entregan, venden o consumen primero.

Conceptos clave: análisis de las desviaciones y medidas preventivas y correctoras

Análisis y medidas sobre el inventario

- **Analisis**
  - Inventario inicial
  - Inventario objetivo
  - Inventario final
  - Previsión y realidad ventas
  - Diferencia entre previsión y realidad ventas
  - Temporalidad del producto
  - Previsión y realidad aprovisionamiento y compras
  - Diferencia entre previsión y realidad aprovisionamiento y compras
  - Producto obsoleto / caducado presente y futuro
  - Nivel de servicio

- **De prevención o correctoras**
  - Gestión de aprovisionamiento
  - Gestión comercial
  - Gestión de inventario
  - Gestión de preparación de pedidos
  - Gestión de compras
  - Gestión costos

- **Desviaciones**
  - Positivas
  - Negativas
  - Sin desviaciones

Siempre en cantidad, unidades, peso, volumen. No en unidades económicas.

4 Métodos para realizar el inventario

Una gestión eficaz y eficiente del inventario es vital para la empresa. Existen diferentes métodos para realizarla según las necesidades de esta. En todos ellos es importante analizar las causas de las regularizaciones, sean positivas o negativas, y los eventos que se produjeron antes de ellas para mejorar los resultados en el futuro, aplicar medidas preventivas y correctoras y reducir sus costos en la cuenta de resultados. Una regularización implica que en el almacén hay más o menos producto del que se tenía anotado, pero también una mala gestión en la entrada o en la salida, o que se están produciendo hurtos u otros posibles problemas.

4.1 El inventario anual

Se realiza a nivel global una vez al año, normalmente coincidiendo con el cierre o final del ejercicio. Es una oportunidad para controlar, medir y mejorar la gestión las existencias. En esta labor, es vital gestionar muy bien el almacén y sus tareas para que la variabilidad del inventario anual sea la menor posible. La realización del inventario anual supone la paralización de toda la actividad habitual de los almacenes e implica unos costos significativos de recursos humanos y materiales. Como en cualquier recuento físico, es muy importante planificarlo de manera minuciosa, para reducir al máximo los imprevistos y conseguir el objetivo marcado con el menor costo posible.

El inventario anual puede resultar poco preciso y la fiabilidad de las existencias ser baja, con lo que el impacto de la regularización final en la cuenta de resultados, la diferencia entre lo que se tiene anotado en el sistema informático y la realidad, puede provocar unos costos elevados. Asimismo, con este sistema de recuento anual resulta difícil analizar las desviaciones y tomar las medidas preventivas y correctoras oportunas, ya que el periodo de tiempo transcurrido, un año, puede resultar demasiado largo como para localizar las situaciones que han provocado dichas desviaciones.

4.2 El inventario cíclico o rotativo

Este sistema establece una secuencia de controles sobre todas las referencias ordenadas, clasificadas por su grado de importancia. La clasificación ABC, aplicada en muchos sistemas de almacenamiento, es una forma de ordenar, ubicar y gestionar, incluyendo los inventarios, los productos dentro de los almacenes y los lugares de extracción de mercancías *(picking)*. No se hace al mismo tiempo el inventario de todas las referencias sino de forma secuencial y consecutiva en el tiempo. Normalmente, se aprovechan las horas de menor carga de trabajo dentro de la jornada laboral. Para poner en práctica esta metodología no hay que parar la gestión del almacén, pero sí «cerrar», es decir, paralizar los movimientos de las referencias, de entrada o salida. Este método espacia el inventario en el tiempo y, al realizarse normalmente dentro del horario habitual de trabajo, resulta menos costoso. Por ejemplo, una pauta bastante extendida en muchas organizaciones es secuenciar el proceso haciendo un inventario de las referencias tipo A cada trimestre, es decir, realizar cuatro inventarios al año de este tipo de referencias; semestralmente, de forma secuencial se realizará un inventario de las referencias tipo B, es decir, dos inventarios al año; anualmente, de forma secuencial se realizará el inventario para las referencias tipo C, es decir, un inventario al año. Esta metodología ayuda a analizar las desviaciones y a aplicar medidas preventivas y correctivas en los casos que se necesite más control, por ejemplo, en las referencias de tipo A, mientras se reducen los controles en las de tipo B y C.

4.3 El inventario permanente o perpetuo

De manera continuada se controla y registra en el inventario cada movimiento, cada entrada y salida de producto. Esta metodología de inventario se pone en práctica habitualmente mediante sistemas informáticos. Ya se utilicen programas y herramientas concretas para la gestión de almacenes, una simple hoja de cálculo, una base de datos o una simple hoja de papel, se ha de realizar siempre con rigor, de

> **clasificación ABC**
> Modelo de gestión basado en la Ley de Pareto que clasifica en orden decreciente, A, B y C, una serie de artículos, siguiendo algún criterio, por ejemplo, su volumen anual de ventas.
> El grupo A tiende a acoger entre el 10 y el 20 % de los artículos, de los que resultan del 50 al 70 % de las ventas. El grupo B contiene el 20 % de los artículos y representa el 20 % de las ventas. El grupo C suele contener del 60 al 70 % de los artículos y de los que sólo se obtienen del 10 al 30 % de las ventas. La clasificación ABC puede aplicarse a distintas áreas de una organización.

forma meticulosa y minuciosa, sin olvidar ningún movimiento. Con este método puede detectarse rápidamente cualquier desviación y analizar y aplicar las medidas preventivas o correctivas necesarias para evitar regularizaciones futuras. Cuando la cantidad real no coincide con la existente en el sistema informático o la ficha del almacén, se procede a una regulación positiva o negativa, según sea el resultado. En muchas organizaciones, además de aplicarse este método, se hace un control físico exhaustivo, minucioso y continuado de determinados artículos o productos, ya sea por su importancia o su valor, o por razones de seguridad.

4.4 El inventario periódico

Es muy parecido al anual, de manera que no se pueden realizar movimientos de ningún tipo, se aplica en todos los almacenes y requiere de recursos humanos y materiales, pero el periodo de tiempo entre uno y otro inventario es inferior a un año. Algunas empresas lo realizan trimestral o semestralmente, pero se han de tener en cuenta sus costos y compararlos con el posible impacto de las pérdidas de no hacerlo. Por ejemplo, una pauta bastante extendida o estandarizada en muchas organizaciones, que utiliza la clasificación ABC del producto, es secuenciar el inventario: cada trimestre se hace un inventario para referencias A, cuatro veces al año; semestralmente se realiza un inventario de las referencias B, dos veces al año; y finalmente se lleva a cabo un inventario anual de las referencias C.

4.5 El inventario existencias cero

Es un sistema utilizado fundamentalmente en empresas de distribución o en los inventarios de fabricación en curso y en la extracción de mercancías *(picking)*. En este último caso, cuando una ubicación se encuentra a 0 de existencias de una determinada referencia, se verifica físicamente que el dato es correcto y si no es así, se regulariza con la cantidad real existente. Cuando la ubicación indicada marca que hay x unidades de una determinada referencia pero se comprueba físicamente que no hay ninguna, habrá que regularizar a 0 el dato. En los procesos de fabricación se utiliza un sistema parecido cuando se termina un lote determinado de producción y se devuelve al almacén el material sobrante. Se hace así porque normalmente las cantidades de integración de material de una referencia incluyen mermas que, de no reportarse específicamente, deben ser contempladas

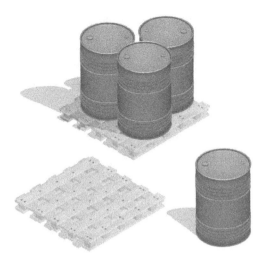

Figura 25.4. En el inventario por familias los productos se agrupan en función de las diferentes tipologías de mercancía o de presentación de los productos.

en la devolución de los sobrantes. Si no se reportaran, en el sistema de control aparecerían existencias que en realidad ya se han consumido y se dejarían de pedir las cantidades equivalentes, lo que puede propiciar que el próximo lote no pueda fabricarse en su totalidad por falta de certeza de las existencias.

4.6 El inventario por familias

En este procedimiento, que se puede aplicar dentro de los diferentes métodos de inventarios descritos anteriormente, los productos se agrupan en las diferentes familias que correspondan. Cuando se lleva a cabo un inventario global, ya sea anual, periódico o cíclico, se necesita una organización y una gestión eficientes para aplicarla, ya que dependiendo del tamaño del almacén y la cantidad de recursos humanos que se utilicen pueden faltar recursos materiales o estorbarse entre ellos, sobre todo en los almacenes con sistema caótico.

4.7 El inventario aleatorio

El inventario aleatorio se usa en combinación con los anteriores métodos. Se escogen de forma totalmente aleatoria las referencias a inventariar, que pueden ser del inventario global, de cada grupo de la clasificación ABC o por familias. Este sistema se puede utilizar para verificar el inventario informático siguiendo una tabla de muestreo, por ejemplo, la Military Standard. Si la desviación es mínima o nula, se podría entender que el resto del inventario es correcto pero si es elevada se tendrá que realizar un inventario exhaustivo.

4.8 El inventario por estanterías

El inventario por estanterías solo funciona en almacenes ordenados por cualquiera de los métodos de inventarios descritos o en almacenes caóticos que se realice el

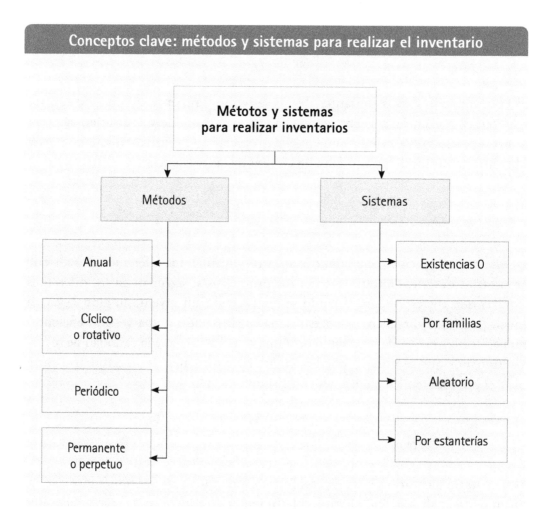

Conceptos clave: métodos y sistemas para realizar el inventario

inventario global del almacén de una sola vez. La forma es simple: se marca una estantería y se empieza a inventariar todo el producto ubicado en la misma.

Los inventarios normalmente se realizan combinando los anteriores métodos y sistemas, en función de la organización, el producto y la ubicación de los almacenes. Incluso dentro de una misma organización se pueden aplicar diferentes sistemas de inventarios. Todo ello supone unos costos, que las organizaciones tratan de reducir sin perder el control de las existencias.

5 Sistema de valoración de inventarios

Aunque a nivel logístico la base sobre la que se han de trabajar las existencias sea la cantidad de unidades, es importante conocer su valor económico, algo que puede variar sustancialmente según el método utilizado. Hay cinco formas diferentes de valorar las existencias a nivel económico, contable, en función de las necesidades de la propia empresa:

5.1 Precio medio ponderado o PMP

Esta forma de valoración puede acercarse bastante al precio real en muchos casos, todo dependerá de las fluctuaciones del precio en el mercado. Es un sistema muy utilizado en las organizaciones ya que facilita la gestión, siempre que se apoye en sistemas informáticos. Para calcularlo se suman los costos de todas las entradas de mercancía durante un tiempo determinado y se dividen por la cantidad recepcionada. El resultado es el precio medio ponderado por unidad. Si este se multiplica por las unidades en existencias, se obtendrá el valor medio ponderado de las existencias de la mercancía en concreto.

5.2 LI-FO (last in, first out o «el último que entra es el primero que sale»)

Las existencias se valoran a partir del costo de la última entrada realizada en el periodo de tiempo marcado. Aunque es un sistema en desuso en la gestión de los almacenes y está siendo sustituido por FI-FO y FE-FO, sigue utilizándose mucho a nivel contable y fiscal. Si el costo de la última entrada es superior al resto, el valor de las unidades en existencias será superior al costo real. En el caso de que el costo de la última entrada sea inferior al resto, el valor de las unidades en existencias será inferior al real.

5.3 FI-FO (first in, first out o «el primero que entra es el primero que sale»)

Las existencias se valoran a partir del costo de la primera entrada realizada en el periodo de tiempo marcado. Aunque es un sistema legal a nivel contable y fiscal, no se utiliza mucho, ya que en la actualidad normalmente el costo de los productos durante el periodo de tiempo es superior al inicial y eso significaría que el costo de las existencias se situara por debajo de la realidad. A la inversa de lo que sucede en el sistema LI-FO, si el costo de la primera entrada es superior al resto, el valor de las unidades en existencias será superior al costo real. En caso de que el costo de la primera entrada sea inferior al resto, el valor de las unidades en existencias será inferior al real.

5.4 HIFO (highest in first out o «el precio más alto»)

Las existencias se valoran a partir del costo más elevado de las entradas realizadas en el periodo de tiempo marcado. El costo de las existencias siempre será superior al costo real. Este sistema casi no se utiliza en algunos países porque no lo contempla la legislación mercantil. Podría decirse que en una situación de escalada de los precios, este sistema se asemeja al sistema LI-FO.

5.5 NIFO (next in first out o «al precio de la siguiente entrada»)

Las existencias se valoran según el precio de costo de las unidades que han de entrar, o sea, al precio del pedido que aún no se ha recibido en el periodo de tiempo marcado de valoración. Es lo que se denomina precio de reposición. El costo de las existencias siempre será superior al costo real, haciendo que el inmovilizado sea más elevado. Este sistema no se utiliza en algunos países, como España, por ejemplo, porque no es aceptado a efectos fiscales.

5.6 Precio real

Para valorar las existencias se contabilizan las unidades al precio real de costo de cada una de ellas ligándolas a la correspondiente entrada. Para ponerla en práctica se necesita contar con sistemas de gestión de almacenes eficientes y registrar de forma correcta, exacta y pormenorizada los movimientos de entrada y salida.

	CONCEPTO	REF. 01	REF. 02	REF. 03	CÁLCULO
1A	STOCK a 31/12	25.000,00	5.000,00	200,00	Se trabaja en el almacén con sistemática FIFO (Primero que entra, primero que sale)
2A	Coste 1er pedido €/unidad	10,00 €	35,00 €	150,00 €	
3A	Coste pedido más alto €/unidad	10,00 €	40,00 €	164,00 €	
4A	Coste último pedido €/unidad	10,00 €	36,00 €	151,00 €	
5A	Coste próximo pedido €/unidad	10,00 €	42,00 €	165,00 €	
6A	Cantidad por pedido	20.000,00	3.000,00	300,00	
VALORACIÓN INVENTARIO					
	NIFO	250.000,00 €	210.000,00 €	33.000,00 €	5A*1A=NIFO
	FIFO	250.000,00 €	175.000,00 €	30.000,00 €	2A*1A=FIFO
	LIFO	250.000,00 €	180.000,00 €	30.200,00 €	4A*1A=LIFO
	PMP	250.000,00 €	185.000,00 €	31.000,00 €	(((2A*6A)+(3A*6A)+(4A*6A)) / (6A*3)(Ya que son los pedidos recibidos))*1A= PMP
	HIFO	250.000,00 €	200.000,00 €	32.800,00 €	3A*1A=HIFO
	PRECIO REAL	250.000,00 €	188.000,00 €	30.200,00 €	
COSTE MEDIO UNIDAD INVENTARIO					
	Coste / Unidad NIFO	10,00 €	42,00 €	165,00 €	
	Coste / Unidad FIFO	10,00 €	35,00 €	150,00 €	
	Coste / Unidad LIFO	10,00 €	36,00 €	151,00 €	
	Coste / Unidad PMP	10,00 €	37,00 €	155,00 €	
	Coste / Unidad HIFO	10,00 €	40,00 €	164,00 €	
	Coste / Unidad PRECIO REAL	10,00 €	37,60 €	151,00 €	

Figura 25.5. Ejemplo de valoración de un inventario en los diferentes sistemas.

SISTEMA	TOTALES	%
NIFO	493.000,00 €	5,30%
FIFO	455.000,00 €	-2,82%
LIFO	460.200,00 €	-1,71%
PMP	466.000,00 €	-0,47%
HIFO	482.800,00 €	3,12%
PRECIO REAL	468.200,00 €	100,00%

Figura 7.6. Comparativa entre los diferentes tipos de cálculo del inventario.

Los sistemas informáticos de gestión facilitan la valoración de las existencias y permiten elegir entre las diferentes opciones y en cada momento.

En las figuras 25.5 y 25.6 se puede observar las diferencias de valoración de un mismo inventario y lo que puede representar cada uno de los sistemas de valoración.

Conceptos clave: diferentes formas de valoración de los inventarios

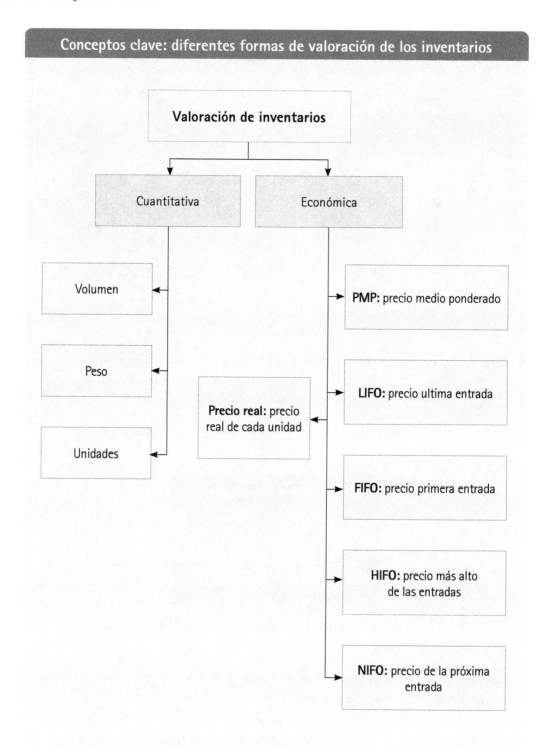

Glosario

abastecer
Proveer a una persona física u organización de los productos, mercancías o servicios que necesita.

absentismo
Ausencia de una persona de su puesto de trabajo en horas que correspondan a un día laborable, dentro de la jornada legal de trabajo, esté justificada o no.

ADR
Siglas de *articles dangereux de route* o transporte de artículos peligrosos, relativas al Convenio internacional sobre el transporte de mercancías peligrosas por carretera.

agrupar
Unir productos o mercancías para formar un grupo o bloque, siguiendo un criterio determinado.

AGV
(*Automated guided vehicle* o vehículo de guiado automático). Vehículo guiado automáticamente mediante sistemas de filoguiado, ferroguiado, optoguiado o radio láser.

almacén
Espacio físico, recinto cubierto o descubierto, edificio, etc., acondicionado para recepcionar, albergar y custodiar materiales y mercancías, bien sean materias primas, productos semielaborados o terminados y preparados para su distribución, y que permite su clasificación, manipulación y control.

Un almacén debe disponer de zonas diferenciadas para:

– Carga y descarga de vehículos.
– Recepción de mercancías.
– Almacenaje.
– Manipulación y acondicionamiento de productos.
– Preparación de pedidos.
– Expedición.

almacén caótico
Almacén donde se lleva a cabo la ubicación de las mercancías mediante el método hueco libre.

almacén ordenado
Almacén en el cual hay asignado un lugar único, fijo y predeterminado para cada una de las mercancías.

almacenamiento

Ejecución de los movimientos de entrada o salida de una mercancía en un almacén, donde se incluyen las operaciones de traslado de la misma a o desde su ubicación, carga o descarga y colocación o extracción, y la de gestión de la información inherente a su movimiento.

almacenamiento con pasillos y carretillas elevadoras contrapesadas

Sistema de almacenamiento convencional, con pasillos entre pilas o estanterías, que utiliza carretillas elevadoras contrapesadas con conductor sentado como elemento de manutención.

Almacén con pasillos y carretillas elevadoras.

almacenamiento en bloque

Sistema de almacenamiento por agrupamiento y compactación de las mercancías, bien por apilado directo de las cargas o mediante su colocación en estanterías, dispuestas o no sobre palés.

almacenamiento en bloque compacto

Sistema de almacenamiento por agrupamiento y compactación de las mercancías formando pilas que se colocan unas junto a las otras, sin pasillos entre las pilas.

Almacenamiento de mercancías en bloque.

almacenamiento en bloque sobre estanterías

Sistema de almacenamiento en bloque que utiliza estanterías compactas o dinámicas para el depósito de las cargas.

almacenamiento en pilas

Sistema de almacenamiento que consiste en el apilado directo de las unidades de carga unas sobre otras, dispuestas o no sobre palés. La capacidad de carga en altura está limitada por la resistencia de soportar cargas de la unidad inferior. Las unidades de carga más adecuadas para este sistema son las que presentan gran resistencia interna y las contenidas en envases rígidos.

Sacos apilados en un almacén.

apilar
Poner una carga sobre otra formando una o varias pilas.

AWB
Siglas de *air waybill* o carta de porte aéreo. Documento que emite la compañía aérea mediante el que se formaliza el contrato de transporte aéreo de mercancías.

BL
Siglas de *bill of lading* o conocimiento de embarque. Documento emitido por la empresa transportista como justificante de la recepción de la mercancía o de que esta ha sido cargada en el medio de transporte, con destino al punto final que se declara.

cadena de suministro
Conjunto de actividades de una organización destinadas a satisfacer la demanda de productos y servicios, desde los requerimientos iniciales de materias primas e información hasta la entrega al usuario final y la recuperación de los residuos que hayan podido generarse en el proceso.

caducado
Producto que se ha estropeado o ha dejado de ser apto para el consumo, especialmente en los sectores de alimentación, laboratorios farmacéuticos y productos químicos.

calidad concertada
Sistema de aseguramiento de la calidad que se establece de común acuerdo entre la empresa cliente y sus proveedoras, con el objetivo de favorecer sinergias y mejorar los procesos de la calidad.

campa
Espacio abierto, al aire libre y acotado, sin edificaciones, en la cual se pueden guardar ciertos productos o mercancías, por ejemplo, coches.

carga
Cantidad o conjunto de mercancía que se transporta en un vehículo o medio de transporte, o que se manipula mediante un elemento de manutención.

carga consolidada
Mercancía que junto con otras se acondicionan como una única unidad física de manipulación y circulación (sobre un palé y dispuesta en un contenedor, por ejemplo), con el fin de facilitar su expedición y transporte hacia un destino común.

carga paletizada
Mercancía colocada sobre un palé dispuesto para ser almacenado o trasladado por cualquier elemento mecánico de manutención o medio de transporte.

cargar
Recoger, colocar, depositar, embarcar o poner en un medio de transporte las mercancías para transportarlas.

carretilla
Elemento de manutención usado para recoger, transportar y depositar o estibar unidades de carga (palés, contenedores, etc.) o graneles.

carretilla con pinzas
Carretilla elevadora provista de pinzas que pueden sujetar la carga por presión lateral, utilizada para la manipulación de mercan-

cías voluminosas sin paletizar, como bobinas o bidones, por ejemplo.

Manipulación de una bobina mediante una carretilla con pinzas.

carretilla contrapesada
Carretilla elevadora de apilado, equipada con horquillas u otros dispositivos (pinzas, postes, etc.), que opera según la ley de la palanca. El punto de apoyo se corresponde con el eje de las ruedas delanteras, de modo que la carga queda equilibrada por el peso de la parte de la máquina que queda detrás de este eje. Puede estar accionada por un motor eléctrico (alimentado por baterías recargables) o bien por un motor térmico (alimentado con gas licuado, gasoil o gasolina). Puede disponer de un desplazador lateral, que reduce la cantidad de movimientos necesarios para posicionar la carga.

Carga de un camión con una carretilla contrapesada.

carta de porte
Documento mediante el que se formaliza el contrato de transporte de mercancías por carretera entre el expedidor y la empresa transportista. En el transporte de mercancías internacional por carretera se emplea la carta de porte CMR, mientras en el transporte ferroviario se utiliza la carta de porte CIM.

cliente
Persona física u organización a quien la empresa fabricante, la distribuidora o el establecimiento comercial venden sus productos o servicios.

cobertura de existencias
Es uno de los parámetros de control de la gestión. Indica el número de días de consumo que las existencias pueden cubrir.

código de barras
Método de codificación de datos en el que estos se representan mediante una secuencia de barras y espacios verticales que pueden ser leídos por lectores ópticos.

consolidación de contenedores
Operación de llenado de los contenedores de transporte para su posterior expedición.

contenedor
Equipo de transporte de carácter permanente y capacidad interior no menor a un metro cúbico, capaz de asegurar un uso repetido, sin ruptura de la carga en caso de trasbordo a diferentes modos o vehículos de transporte.

contenedor apilable
Contenedor dotado de patas o soportes que permite ser colocado sobre otro de su mismo tipo para formar una pila de almacenamiento.

contenedor de transporte

Recipiente de transporte de carácter permanente y capacidad interior no menor de un metro cúbico, capaz de asegurar un uso repetido, sin ruptura de la carga en caso de trasbordo a diferentes modos o vehículos de transporte.

Existen modelos de contenedor diseñados para cada necesidad del transporte, provistos de dispositivos que permiten un manejo adecuado, particularmente en el traspaso entre modos de transporte, y un fácil llenado y vaciado. Se utilizan cinco tamaños principales: de 45, 40, 30, 20 y 10 pies, con capacidad para mercancías con un peso de 40, 30, 25, 20 y 10 t, respectivamente. Su anchura exterior es de 8′ y la altura, de 8′6″ o 9′6″ (en cuyo caso se considera de gran capacidad).

El contenedor de carga general es el de uso más frecuente, para cargar mercancía seca y unitizada mediante palés, cajas, barriles, etc. Es estanco y cerrado, con suelo, techo y paredes laterales y de los extremos rígidos. Está dotado de puertas en el testero y se carga a través de ellas con ayuda de carretillas o transpaletas. Su anchura exterior es de 8′ y su longitud exterior puede ser de 20, 40 o 45′, y la altura, de 8′6″ o 9′6″ (en cuyo caso se considera de gran capacidad).

Contenedor de techo abierto (open top).

actividad principal *(core business)*

Aquella actividad capaz de generar valor y que resulta necesaria para establecer una ventaja competitiva beneficiosa para una organización. Es una competencia clave.

CSC

Siglas de *Convention for Safe Containers* o Convenio internacional sobre la seguridad de los contenedores.

cuello de botella

Cualquier punto de un proce-so industrial que dificulte la rapidez o fluidez en la circulación de un producto, o en la logística de un sistema.

demanda

Pedido, petición, solicitud. Cantidad de mercancías o productos que requiere el mercado o que se requieren a un proveedor en un periodo de tiempo determinado.

desagrupar

Separar la unidad de carga consolidada.

descarga

Acción y efecto de descargar, bajar una mercancía de un medio de transporte.

desubicación

Sacar el producto o la mercancía del lugar donde está almacenado.

devolución

Retorno de un envío o material desde el cliente al proveedor.

diagrama de carga

Esquema representado mediante una placa en las carretillas elevadoras en el que se indican las cargas nominales admisibles para las distintas situaciones de manejo. El diagrama de carga permite calcular la capacidad residual de carga de la carretilla, dependiendo del centro de gravedad de la carga, de la altura a la que deba elevrse y de los implementos que lleve montados.

estacionalidad

Propiedad de una serie cronológica que toma unos valores distintos de su valor medio anual durante unos determinados periodos, en anualidades sucesivas.

estantería

Elemento modular articulado para el almacenaje de productos formado por una estructura metálica sustentada por pilares y estantes riostrados. Con ello se construye una retícula tridimensional que permite la colocación de unidades de carga en sus celdas.

Las estanterías pueden ser:

– Convencionales o *racks*.
– En voladizo o *cantilevers*.
– Compactas o *drivers*.

estantería para paletización compacta

Estantería dispuesta formando bloques con calles interiores para permitir la circulación de las carretillas y provistas de carriles para el apoyo de palés. Estas estanterías se emplean especialmente para cargas homogéneas. Pueden ser de dos tipos: drive-in (conducir dentro) y drive-through (circular a través de).

estantería para paletización convencional

Estantería formada por bastidores laterales, que se anclan al suelo, y vigas transversales, para el almacenamiento de cargas paletizadas o en contenedor, o de cargas destinadas a realizar la preparación de pedidos.

Estantería para cargas paletizadas.

estantería en voladizo

Estantería para el almacenamiento de cargas largas, por ejemplo, barras metálicas. Está formada por pilares de perfiles laminados, anclados al suelo y arriostrados entre sí, y provistos de ménsulas voladas de forma triangular. En el caso de mercancías ligeras, el almacena-

Estanterías en voladizo o cantilever.

miento y la recuperación pueden efectuarse manualmente; en caso contrario, se utilizan carretillas contrapesadas u otros elementos de manutención.

estiba
1. Acción de colocar una unidad de carga en su ubicación en un almacén.
2. Operación de movimiento de la mercancía, mediante su manipulación, distribución y colocación adecuadas en una unidad de transporte de carga (contenedor de transporte, caja del camión, etc.) para evitar o minimizar su posible daño, facilitar las descargas y proteger a las personas o las cosas.

europalé
Palé de cuatro entradas y de dimensiones 800 × 1.200 mm utilizado generalmente en Europa.

existencia o *stock*
Cantidad disponible de un determinado producto almacenado y listo para ser vendido, distribuido o utilizado.

externalizar
Proceso en el cual una empresa subcontrata una parte de las actividades de su negocio a una compañía externa.

extracción de unidades o picking
Fase de la preparación de pedidos consistente en la extracción de los materiales o mercancías desde el lugar de almacenaje en las cantidades solicitadas por el cliente.

FCA
Siglas de *free carrier* o franco transportista, lugar convenido. Es una regla Incoterms o cláusula de comercio que se utiliza en las operaciones de compraventa internacional.

flujo
Manera de representar de forma ordenada y secuencial las diferentes tareas y operaciones de un proceso en la organización.

góndola
Plataforma con altura reducida y un centro de gravedad bajo, adecuada para el transporte terrestre de maquinaria pesada y embarcaciones.

granel
Mercancía sin envase o embalaje, generalmente referido a minerales, semillas, abonos, líquidos, etc.

horeca
Acrónimo de hoteles, restaurantes y cafeterías; también incluye las empresas de servicio de comida preparada.

horeca
Acrónimo de hoteles, restaurantes y cafeterías; también incluye las empresas de servicio de comida preparada.

horquilla
Elemento metálico usado por las carretillas y otros elementos de manutención para recoger y sustentar las cargas. Introduciéndose entre los huecos de los patines del palé permite recogerlo para su transporte.

Carretilla elevadora de gran capacidad con horquillas.

reglas Incoterms
Reglas comerciales fijadas por la Cámara de Comercio Internacional (CCI). Expresan las condiciones y los derechos que aceptan las partes compradora y vendedora en una operación de comercio internacional en relación a las distintas fases del proceso de transporte elegido y las condiciones para la entrega de las mercancías.

infraestructura
Conjunto de elementos físicos (instalaciones y equipos) o de servicios que se consideran necesarios para la creación y el funcionamiento de una organización.

intangible
La intangibilidad de un servicio alude a todo aquello que no es posible percibir por los sentidos.

inventario
Relación ordenada de las existencias con indicación de la cantidad disponible y valoración de cada una de ellas. Proceso de recuento y verificación del material almacenado.

JIT
Siglas de *just in time* o justo a tiempo. Filosofía de fabricación enmarcada en el concepto de calidad total y que a nivel logístico se fundamenta en la frecuencia y regularidad de las entregas del proveedor para reducir las existencias en la cadena de suministro.

KPI
Siglas de *key performance indicator* o indicadores clave de rendimiento. Conjunto de medidas estandarizadas y normalizadas que, expresadas en forma de ratios, informan sobre la evolución de los planes de la empresa o del departamento correspondiente, y que ayudan a estudiar alternativas y acciones correctoras cuando se producen desviaciones respecto la planificación.

layout
Diseño, plan, esquema y disposición de las piezas o elementos que se encuentran dentro de un espacio.

ley de Pareto
Su principio es básico y afecta a todo tipo de actividad. A nivel general el ochenta por ciento de los efectos son consecuencia del veinte por ciento de las causas. También se conoce como ley 80/20.

logística
Proceso de planificación, gestión y control de los flujos de materiales y productos, informaciones y servicios relacionados con dicho proceso. Distingue los subprocesos de aprovisionamiento, producción, distribución y de logística inversa, e incluye los movimientos internos y externos, así como las operaciones de importación y exportación.

logística de aprovisionamiento
Parte del proceso logístico referida a las actividades de compra, recepción, almacenamiento y distribución interna de insumos de productos, tendentes a posicionarlos en el momento, la cantidad y el lugar donde se necesitan.

logística de distribución
Parte del proceso logístico que abarca el flujo físico de productos terminados desde el lugar de producción hasta el de consumo. En función de la estructura organizativa en la que se integra, puede abarcar otras áreas de

la logística como la previsión de ventas, la planificación de la producción, la cadena de transporte, el almacenamiento, el proceso de los pedidos, la distribución capilar, la recuperación de residuos e incluso el servicio de atención al cliente.

logística de entrada
Engloba las actividades asociadas a la recepción, el almacenamiento y la distribución interna de insumos del producto.

logística inversa
Conjunto de actividades logísticas de recogida, selección, desmontaje y procesado de productos usados, incluyendo envases y embalajes, partes de productos o materiales, con vistas a maximizar el aprovechamiento de su valor y su uso sostenible.

manipulación
Operación manual o mediante elementos mecánicos a que se someten las mercancías o los productos (a granel, de manera individual o en unidades de carga) durante la cadena logística, diferente del transporte o el almacenamiento, con el fin de realizar adecuacion, trasiegos o traslados en los trabajos de unitización, trasvase, envase o embalaje, recepción o expedición, carga o descarga, estiba o desestiba, preparación de pedidos, etc.

manutención
Operaciones de movimiento físico y almacenaje de mercancías que se llevan a cabo mediante medios manuales o mecánicos.

materias primas
Elementos básicos transformables sobre los cuales se realizan los procesos productivos hasta conseguir un producto terminado o semielaborado.

mayorista
Empresa intermediaria del canal de distribución de productos o servicios que vende a la minorista.

medio palé
Palé de dimensiones 600 x 800 mm, equivalentes a las de medio europalé.

mercancía
Es el elemento o producto objeto del transporte, susceptible de ser manejado, almacenado, trasladado, movido y trasladado o enviado.

mercancía cilíndrica
Mercancía que se maneja arrollada mediante un mandril, una estructura metálica o de madera, o directamente, conformando una bobina. Son mercancías cilíndricas las bobinas de papel y cartón, las de chapa, las de cable y los rollos de alambrón.

Manipulación de mercancía cilíndrica con carretilla elevadora.

mercancía de temperatura controlada
Todo tipo de mercancía que necesite de algún sistema de control de su temperatura duran-

te los procesos de manipulación, almacenamiento, transporte y distribución comercial. Se clasifica en: refrigerada, congelada o ultracongelada y en caliente.

mercancía húmeda
Mercancía que contiene líquidos o que por su naturaleza puede producirlos y que no está sujeta a la reglamentación de mercancías peligrosas.

mercancía laminar
Mercancía formada por láminas de materiales que pueden ser rígidos o flexibles, frágiles o resistentes. Son mercancías laminares las láminas de chapa metálica, las de plástico, las de vidrio o las de amianto.

mercancía peligrosa
Material o sustancia nocivo o perjudicial, embalado, a granel o en embalajes para graneles, que durante su transporte o manipulación puede generar o desprender residuos, humos, gases, vapores o polvos de naturaleza peligrosa, ya sea explosiva, inflamable, tóxica, infecciosa, radiactiva, corrosiva o irritante. Se deben incluir los embalajes sin limpiar que hayan contenido mercancías peligrosas.

Existen convenios internacionales que las regulan, como el Convenio ADR, el Código IMDG, las Reglas IATA DGR, el Convenio RID, el Convenio Marpol.

Las mercancías peligrosas constituyen un riesgo importante para la salud, el medio ambiente, la seguridad y la propiedad.

mercancía perecedera
Cualquier tipo de mercancía que pueda deteriorarse después de un período de tiempo determinado, o por estar expuesta a temperaturas diversas, humedades u otras condiciones adversas. Las mercancías perecederas pueden ser productos sanitarios, alimentarios e incluso de uso industrial que precisan de unas condiciones especiales, de un control técnico determinado y de unos parámetros de salubridad y de temperatura regulada para su conservación, almacenamiento, transporte, carga y descarga. Su transporte internacional se regula por el Acuerdo ATP.

mercancía refrigerada
Mercancía perecedera (verduras, carnes, fármacos, frutas, etc.) que precisa de unas condiciones especiales de mantenimiento y refrigeración a temperatura controlada, por encima de su punto de congelación, durante el período de transporte o almacenamiento.

mercancía tubular
Mercancía formada por tubos de diferente extensión y diámetro, que pueden estar fabricados con materiales rígidos (metálicos o de hormigón) o semirrígidos (plástico duro).

minorista
Empresa intermediaria del canal de distribución de productos o servicios que vende a la persona consumidora final.

monoreferencia
Embalajes con una sola referencia.

MPS
(*Master production scedule* o plan maestro de producción). Reúne toda la información necesaria sobre lo que se debe producir, y cómo y cuándo producirlo, como resultado de un proceso de planificación de la producción.

MRP I

(*Material requirement planning* o planificación de las necesidades de materiales). Sistema de programación y control de la producción que integra los módulos del programa maestro de producción, la lista de materiales y el estado de los inventarios, para generar las necesidades de materiales de los elementos que intervienen en la fabricación, y fijar el calendario de órdenes de suministro, internas y externas.

MRP II

(*Manufacturing resourses planning* o planificación de recursos de fabricación). Sistema de programación y control de la producción que además de tener todas las características del MRP I, permite considerar las consecuencias de la limitación de la capacidad de producción existente.

muelle de carga-descarga

Equipamiento construido en almacenes y centros de distribución para facilitar la carga y descarga de vehículos y el acceso de las mercancías a la zona de almacenamiento. Habitualmente, el muelle de carga-descarga se sitúa al nivel del almacén, por encima de la altura de las ruedas traseras del camión, y puede colocarse de modo que quede unido al almacén y disponga de puerta de acceso, o bien se separe del almacén mediante un andén.

multireferencia

Embalajes con diferentes referencias.

obsolescencia

Caída en desuso de máquinas, equipos y tecnologías motivada no por su mal funcionamiento, sino por un desempeño insuficiente de sus funciones en comparación con otros nuevos introducidos en el mercado.

obsoleto

Pérdida o menoscabo del valor de un producto a causa de un cambio de modelo, estilo o desarrollo tecnológico.

operador logístico

Empresa u organización de ámbito nacional o internacional cuya oferta de servicios puede abarcar las operaciones de transporte en cualquier medio, el almacenamiento y la manutención, los servicios auxiliares del transporte, el tránsito, los trámites aduanales, las funciones de distribución física, el fraccionamiento de las cargas, el grupaje, la gestión de existencias, la preparación de pedidos, el embalaje y el etiquetaje, la organización de los sistemas de información y la gestión de flujos de mercancías, además de operaciones de carácter comercial como la facturación, el fletamento y otros servicios de ingeniería logística.

outlet

Establecimiento comercial especializado en la venta de productos de temporadas anteriores, normalmente con un precio inferior al habitual.

palé

Elemento portátil para constituir cargas unitarias, formado por una plataforma horizontal, con entrada para las horquillas de las carretillas u otros aparatos de manutención. En algunos países de América Latina se conoce como tarima. Puede ser de madera, metal, plástico, cartón, y ser reutilizable o no. Los formatos de palé más comunes son:

- ISO o americano (1.000 x 1.200 mm).
- Europalé (EUR) (800 x 1.200 mm).
- 600 x 800 (medio palé).
- 1200 x 1800 (palé marítimo).

- **Tipos de palé:**
  - Dos entradas, doble cara reversible.
  - Dos entradas, doble cara no reversible.
  - Dos entradas, cara única no reversible.
  - Cuatro entradas, doble cara reversible.
  - Cuatro entradas, doble cara no reversible.

- **Otras características:**
  - *Reversibles.* Las partes superior e inferior del palé son iguales y las mercancías pueden colocarse, indistintamente, sobre cualquiera de las dos caras.
  - *No reversibles.* Cuando las partes superior e inferior del palé son desiguales.
  - *Con pestañas.* Pueden tener salientes para fines diversos: la colocación del fleje, la sujeción de una película plástica estirable, etc.
  - *Sin pestañas.* Sin salientes.

palé americano
Palé de cuatro entradas y de dimensiones 1.000 x 1.200 mm, optimizadas para el transporte en contenedores de 20′ y 40′.

palé caja
Palé generalmente apilable, con al menos tres paredes verticales enterizas o caladas, fijas, plegables o desmontables, provisto o no de cubierta.

palé de cuatro entradas
Palé cuyo diseño permite el paso de las horquillas de los elementos de manipulación por sus cuatro lados.

palé de dos entradas
Palé cuyo diseño sólo permite el paso de las horquillas de los elementos de manipulación por dos lados opuestos.

palé sobre ruedas
Palé fabricado con perfiles y alambres de acero, provisto de una estructura sobre ruedas que permite arrastrarlo a modo de remolque, pero que también puede ser tomado por las carretillas elevadoras. Puede disponer de varios niveles o estar formado por los soportes laterales. Se utiliza especialmente cuando las mercancías se han de entregar o recoger en lugares que no disponen de recursos mecánicos de carga y descarga.

paletizar
Reunir uno o más paquetes, bultos, cajas, etc., acondicionados sobre un palé, fijando la carga a este mediante flejes, cartón, madera, retractilado plástico o cualquier otro sistema de sujeción, con la finalidad de incrementar su seguridad, evitando desplazamientos internos, robos o averías.

peso máximo apilable
Peso máximo admisible en el apilamiento de un determinado producto o unidad de carga, indicado habitualmente en el embalaje por el fabricante.

extracción de mercancías *(picking)*
Fase de la preparación de pedidos consistente en la extracción de los materiales o mercancías desde el lugar de almacenaje en las cantidades solicitadas por el cliente.

plataforma
Vehículo o remolque construido como una superficie plana, sin protecciones laterales,

en la que se depositan y fijan cargas pesadas, largas o especiales para su transporte.

playa
Área delimitada que se dedica a dejar la mercancía recién descargada o que está preparada para su carga.

prevención riesgos laborales
Conjunto de acciones y medidas que tiene por objeto prevenir, eliminar o minimizar los riesgos que están o pueden estar presentes en una actividad laboral. Cuando se habla de riesgos laborales se refiere a la posibilidad de que las personas que desarrollan una actividad profesional puedan sufrir un daño físico o en su salud, tanto en un futuro lejano como próximo, por el simple hecho de ejercer su trabajo.

productividad
Relación entre la cantidad de productos obtenida por un sistema productivo o proceso y los recursos utilizados para obtener o realizar el producto o proceso.

producto caducado
Relación entre la cantidad de productos obtenida por un sistema productivo o proceso y los recursos utilizados para obtener o realizar el producto o proceso.

producto final o acabado
Producto que ha culminado todos los procesos de producción y puede ser expedido y utilizado.

proveedor
Persona física u organización que suministra una materia, producto o servicio.

rampa modular
Estructura metálica provista de una superficie de rodadura antideslizante por medio de la cual las carretillas elevadoras pueden acceder a la parte trasera del camión para llevar a cabo la carga y descarga.

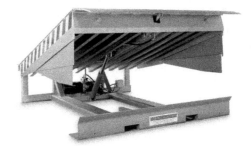

Rampa modular con sistema hidráulico.

ratio
Proporción entre dos magnitudes que mantienen entre sí una determinada relación.

recepción
Tramitación administrativa a que da lugar la aceptación de la entrada de una mercancía.

recogida o retirada de pedidos
Tarea que en algunas empresas realiza el mismo comercial y en otras el repartidor al entregar el pedido anterior. En ambos casos se ha de evitar que la tarea de retirar pedidos se desempeñe en perjuicio de la función principal, ya sea comercial o de repartidor, haciendo que el costo se dispare y sea superior a otras sistemáticas de recepción de pedidos. En algunas empresas puede dedicarse una persona exclusivamente a esta función, pero se ha de ser consciente del valor añadido que dicho servicio pueda representar y percibir el cliente, ya que el costo del mismo es elevado.

renting
Arrendamiento de un bien en la modalidad de arrendamiento financiero *(leasing)* que incluye el mantenimiento del mismo.

retractilar
Acción de envolver un envase o una unidad de carga mediante un material que puede retraerse sobre sí mismo una vez se ha extendido sobre los elementos para dotarlos de una mayor protección. En ocasiones, el retractilado sirve para agrupar y unitizar diversas cargas en una unidad de carga mayor. Habitualmente, se utiliza lámina de plástico en bobina o en forma de bolsa que se contrae al contacto con un chorro de aire caliente. El retractilado proporciona cierta seguridad contra las sustracciones, los impactos accidentales, las inclemencias del tiempo, las mojaduras y las humedades.

RFID
Siglas de *radio frequency identification data* o identificación por radiofrecuencia. Sistema de almacenamiento y recuperación de datos remoto.

semirremolque
Caja o remolque formado por una plataforma o conjunto carrozado, sin sistema de tracción propio, que es arrastrado por una unidad tractora en la que se ensambla y reposa parcialmente, y que le transmite una parte significativa de su masa y carga. No tiene eje delantero y puede disponer de uno (monoeje), dos (tándem o doble) o tres (trídem o triple) ejes traseros.

SGA
Siglas de «sistema de gestión de almacenes», también conocido por WMS, de *warehouse management system*.

stock
Existencias. Cantidad disponible de un determinado producto almacenado y listo para ser vendido, distribuido o utilizado.

tag
Etiqueta electrónica. Nombre que recibe la etiqueta que se adhiere a los artículos, embalajes o unidades de carga y que está provista de minúsculos chips capaces de guardar, enviar y recibir información mediante sistemas de RF y RFID.

tara
Peso de un vehículo en vacío, con sus dotaciones de recambios, combustible, accesorios y herramientas necesarias para su operatividad, sin personal de servicio ni carga.

TIR
Convenio de ámbito aduanero sobre el transporte internacional de mercancías por carretera.

TOC
Siglas de *teory of constraints* o teoría de las restricciones. Filosofía de gestión encaminada a localizar los problemas significativos de una organización, diseñar soluciones efectivas y trazar planes operativos para su implantación.

tractora o cabeza tractora
Vehículo a motor que actúa como tractor de arrastre de un semirremolque, formando con él un conjunto articulado denominado tráiler. Dispone de una plataforma situada sobre el eje motor, denominada quinta rueda, sobre la que apoya parte de su peso el semirremolque, que carece de eje delantero.

tráiler
Conjunto articulado formado por una cabeza tractora y un semirremolque.

transpaleta
Elemento de manutención de tracción manual que permite el arrastre de palés y plataformas mediante una pequeña elevación, ayudada por un dispositivo hidráulico, que la separa del suelo. Dispone de horquillas sobre las que se pueden adaptar dispositivos para mover distintos tipos de cargas, como bidones, bobinas, etc.

Descarga de un vehículo con transpaleta eléctrica.

trazabilidad
Conjunto de procedimientos preestablecidos y autosuficientes que permiten conocer la evolución histórica, la ubicación y la trayectoria de un producto o lote de productos a lo largo de la cadena de suministro en un momento dado, a través de unas herramientas determinadas.

ubicación
Acción y efecto de situar o instalar un bulto o unidad de carga en determinado espacio o lugar de un almacén, mediante asignación (automática o manual). Se utilizan tres sistemas de ubicación:

- Método de hueco libre o caótico.
- Método de localización o posición fija.
- Método semialeatorio.

unitización
Proceso de agrupamiento de diversas unidades de carga fraccionada o ítems individuales en una unidad única (palés o contenedores, por ejemplo), compacta, reforzada y provista de elementos (flejes, listones, asas, etc.) que faciliten su manejo, traslado y almacenamiento de forma homogénea, sistematizada y segura.

unidad de carga
Elemento modular (caja, palé, contenedor, etc.) conteniendo mercancía que se puede manejar, almacenar o transportar utilizando medios mecánicos. Puede estar formado por un único elemento o por un conjunto de menores dimensiones, agrupados para formar una unidad de carga compacta e individual que permita un fácil manejo y conservación, incremente la seguridad y contribuya a una manutención eficiente.

volumetría
Proceso que permite medir y determinar volúmenes. El volumen es la magnitud que utiliza el alto, el largo y el ancho de los productos o sus envases y embalajes. Su unidad de medida es el metro cúbico.

Agradecimientos

A mi hijo Dídac por ser presente y futuro, apoyo y empuje en tiempos convulsos.

A mi pareja Rosmari, por creer, apoyar, ayudar, empujar, valorar y amar.

A mi familia y amigos por estar allí y apoyar en todo y más.

A mi padre, Antonio, que siempre estará en mi corazón y mis pensamientos.

A Jaime Mira y todas las personas de Marge Books que han hecho posible este proyecto.

Piensa en macro,
actúa en micro

Manual de estrategia de operaciones
Ángel Caja Corral

Técnicas logísticas para innovar planificar y gestionar. Aurum 1
Luis Carlos Hernández Barrueco

Logística urbana. Manual para operadores logísticos y administraciones públicas
Ignasi Ragàs

Almacenes y centros de distribución Manual para optimizar procesos y operaciones
Diego Luis Saldarriaga Restrepo

Técnicas para ahorrar costos logísticos. Aurum 2
Luis Carlos Hernández Barrueco

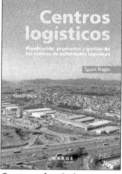

Centros logísticos
Ignasi Ragàs

Cadena de suministro 4.0. Beneficios y retos de las tecnologías disruptivas
Alberto Tundidor

Manual de prevención de riesgos laborales
Blas Gómez

Soluciones logísticas
Francisco Álvarez Ochoa

Biblioteca de Logística

Manual de gestión de almacenes
Sergi Flamarique

Normativa de estiba en carretera. Claves, soluciones y modelos para estibar y trincar cargas
Eva María Hernández Ramos

Manual del transporte en contenedor
Jaime Rodrigo de Larrucea

Lean Energy 4.0. Guía de Implementación
Luis Socconini, Juan Pablo Martín

Manual del transporte de mercancías
Jaime Mira, David Soler

Estiba y trincaje de las mercancías en contenedor
Francisco Fernández Sasiaín

Manual del comercio electrónico
Eva María Hernández Ramos, Luis Carlos Hernández Barrueco

Transporte marítimo de mercancías. Los elementos clave, los contratos y los seguros
Rosa Romero, Alfons Esteve

Manual de gestión aduanera. Normativas y procedimientos clave del comercio internacional
Pedro Coll

València, 558 – 08026 Barcelona – Tel. +34-931 429 486 – marge@margebooks.com – www.margebooks.com

CPSIA information can be obtained
at www.ICGtesting.com
Printed in the USA
LVHW011526030523
745795LV00028B/399